Hans-Georg Fritzsche, ... und erlöse uns von dem Übel

Hans-Georg Fritzsche

... und erlöse uns von dem Übel

Philosophie und Theologie zur »Rechtfertigung Gottes«

Calwer Verlag Stuttgart

CIP-Kurztitelaufnahme der Deutschen Bibliothek

Fritzsche, Hans-Georg:
... und erlöse uns von dem Übel : Philosophie und Theologie zur »Rechtfertigung Gottes« / Hans-Georg Fritzsche. – Stuttgart : Calwer Verlag, 1987.
ISBN 3-7668-0824-9

ISBN 3-7668-0824-9
Calwer Verlag Stuttgart 1987

Titel der Originalausgabe »Schuld und Übel«
Printed in the German Democratic Republic
Satz und Druck: VOB Eichsfelddruck Heiligenstadt V 8-2

Inhalt

Vorwort

Das Theodizeeproblem hat von alters her die Menschen bewegt und zu unterschiedlichen Antworten und Lösungsversuchen herausgefordert. Die wichtigsten sollen in diesem Heft vorgestellt werden.

Der Ausdruck »Theodizee« geht auf Leibniz zurück, der eine Abhandlung »Versuche zur Theodizee. Über die Güte Gottes, die Freiheit des Menschen und den Ursprung des Bösen« überschrieb (1710). Wie ist das Leiden in der Welt, wie sind Not und Krankheit, wie sind das Übel, der Schmerz und die vielen Unvollkommenheiten im Leben der Menschen mit der Existenz eines gütigen und barmherzigen Gottes und mit seiner Gerechtigkeit, Weisheit und Vollkommenheit zu vereinbaren? Wie kann Gott angesichts des Bösen in der Welt als seiner Schöpfung »gerechtfertigt« werden?

Man kann diese Frage abweisen, als in Christus erledigt ansehen oder als die auf den Kopf gestellte Fassung der reformatorischen Rechtfertigungslehre im Aufklärungsjahrhundert charakterisieren: nicht mehr der Mensch, sondern Gott stehe unter Anklage. So dürfe man überhaupt nicht fragen.

Aber die Frage ist uralt und hat ihre Vorfassungen im antiken und spätantiken Denken. Sie knüpft sich hier an den Begriff der Vorsehung und stellt sich mit dem Verteidigen dessen, daß es eine Vorsehung gibt. So in der Stoa und im Neuplatonismus. In einer noch älteren Gestalt, die in der Bhagavadgita vorliegt und mit der wir einsetzen wollen, ist sie sogar von dem Bestreben gelöst, einen Gottes- und Vorsehungsglauben zu verteidigen, und besteht einfach nur in der Frage: Wie kann der Mensch mit seiner Not und seinem Leid sowie mit den Ungleichheiten im Geschick und im Ergehen fertig werden?

Wir setzen mit der Darstellung dreier antiker und spätantiker Modelle ein: mit dem hinduistischen Lehrgedicht Bhagavadgita, dem Stoiker Seneca und dem Neuplatoniker Plotin.

I. Drei antike und spätantike Modelle

1. Die Bhagavadgita

Die Bhagavadgita (= »Lied des Erhabenen«) stammt etwa aus dem 4. bis 3. Jahrhundert v. Chr.; sie ist eine der am meisten gelesenen heiligen Schriften der Hindus, eine Episode im Epos Mahabharata (Buch 6, Kapitel 25–42). Sie ist in dieses Epos eingeschoben an der Stelle, an der geschildert wird, wie sich zwei feindliche Heere zur Schlacht gegenüberstehen. Der Pandava-Prinz Arjuna will nicht kämpfen, weil er auf der gegnerischen Seite Verwandte, Freunde und seine Lehrer sieht. Aber sein Wagenlenker, in dessen Gestalt der Gott-Mensch Krishna sich unter die Menschen gesellt hat, überzeugt ihn, daß er seine Pflicht als Krieger tun müsse. Bei dieser Gelegenheit läßt der Dichter den Krishna eine ganze Lehre, eine religiöse Welt- und Lebensanschauung entwikkeln. Man hat diese auch losgelöst von der kriegerischen Einkleidung zu verstehen gesucht und das Zagen vor dem Tötensollen als Allegorie für das Erschrecken vor den Anforderungen des Lebens überhaupt gedeutet. Dann ergäbe sich eine an Kant erinnernde Forderung: die Pflicht gegen die Neigung zu stellen, oder wie es Leopold von Schroeder in der Einleitung zu seiner Übersetzung der Bhagavadgita in dem Wort formuliert hat: »Tu deine Pflicht! Nach dem Erfolg des Handelns frage nicht!« (Bhagavadgita. Des Erhabenen Gesang, Jena 1912, IV.)[1] »Das ist das Leitmotiv dieser Lehre. Den ewigen heiligen Geboten der Moral folgend unsere Pflicht erfüllen, unbekümmert darum, wie schwer es uns ankommt; nie danach fragend, welcher Erfolg uns dabei erblühen möchte« (ebd.).

Was sind die Argumente im einzelnen, mit denen der Dichter der Bhagavadgita den Menschen in die Welt entläßt, damit er mit seinem Schicksal fertig werde?

Was zunächst die wörtliche Situation betrifft, das Zagen Arjunas vor dem Töten, so beschwichtigt dies der Gott-Mensch Krishna mit der Rede, daß nur der Leib, nicht der Geist getötet werde.

»Arjuna sprach:
Ich sehe der Verwandten Schar, o Krishna, kampfbereit genaht,
Da werden meine Glieder schwach, und es verdorret mir der Mund ...

[1] Von den neueren Übersetzungen sei besonders auf Klaus Mylius, Die Bhagavadgītā (RUB 814), Leipzig 1980, hingewiesen.

Kein Heil mehr seh' ich, wenn im Kampf ich die Verwandten umgebracht ...
Diese zu töten wünsch' ich nicht, und sollten sie mich töten auch ...
Der Erhabene sprach:
Du redest gut, allein du klagst um die, die nicht beklagenswert ...
Wie der Mensch in diesem Leib Kindheit, Jugend und Alter hat,
So kommt er auch zu neuem Leib ...
Vergänglich sind die Leiber nur, – in ihnen weilt der ew'ge Geist,
Der unvergänglich, unbegrenzt – drum kämpfe nur, du Bhārata!
Wer denkt, es töte je der Geist oder werde getötet je,
Der denkt nicht recht! Er tötet nicht, noch wird jemals getötet er.
Niemals wird er geboren, niemals stirbt er,
Nicht ist geworden er, noch wird er werden,
Der Ungeborne, Ewige, Alte – nimmer
Wird er getötet, wenn den Leib man tötet.
Wer ihn als unvernichtbar kennt, als ewig und unwandelbar,
Wie kann ein solcher töten je, wie töten lassen, Prithā-Sohn?
Gleichwie ein Mann die altgewordnen Kleider
Ablegt und andre, neue Kleider anlegt,
So auch ablegend seine alten Leiber
Geht ein der Geist in immer andre, neue.
Es schneiden ihn die Waffen nicht, es brennt ihn das Feuer nicht ...
Doch darfst du, Held mit starkem Arm, um diesen trauern nimmermehr.
Denn dem Gebornen ist der Tod, dem Toten die Geburt bestimmt, –
Da unvermeidlich dies Geschick, darfst nicht darüber trauern du«
(1. Gesang, V. 28bff.; 2. Gesang, V. 18ff.).

So wird das Leben in eine Scheinwirklichkeit versetzt. Es gibt keine Individualität, die einmalig wäre und der »unendlicher Wert« zukäme. Der Tod ist kein radikales Ende; er ist nur ein Übergang in eine neue Daseinsform. Man braucht vor dem Töten wie vor dem Sterben nicht zu erschrecken. Trauer und Klage ziemt dem »Weisen« nicht. »Der Leid und Lust gleichmütig trägt, der reift für die Unsterblichkeit« (2. Gesang, V. 15b).

Eine weitere Weisung besteht in dem Einschärfen, daß der Mensch seine Pflicht tun müsse. Das ist seine Ehre. Und an Kant erinnert die Trennung von Pflicht und Erfolg.[2]

»Auch wenn du deine Pflicht bedenkst, geziemt sich's dir zu zittern nicht,
Denn für den Krieger gibt es ja nichts Bessres als gerechten Kampf ...
Wenn diesen pflichtgemäßen Kampf du aber nicht bestehen wirst,
Im Stiche lassend Pflicht und Ruhm, wird Übles nur dein Anteil sein.
Es werden deine Schande dann die Wesen künden immerfort,
Dem aber, der in Ehren steht, ist Schande mehr als selbst der Tod ...

[2] Kant in der Vorrede zu »Die Religion innerhalb der Grenzen der bloßen Vernunft« (1793): »Was brauchen sie den Ausgang ihres moralischen Tuns und Lassens zu wissen, den der Weltlauf herbeiführen wird? Für sie ist's genug, daß sie ihre Pflicht tun; es mag nun auch mit dem irdischen Leben alles aus sein und wohl gar selbst in diesem Glückseligkeit und Würdigkeit vielleicht niemals zusammentreffen.«

Im Tod gehst du zum Himmel ein! Siegst du, fällt dir die Erde zu! . . .
Bemühe nur dich um die Tat, doch niemals um Erfolg der Tat!
Nie sei Erfolg dir Grund des Tuns, – doch meid' auch Tatenlosigkeit!
In Andacht fest, tu deine Tat! Doch häng an nichts, du Siegreicher!
Laß den Erfolg ganz gleich dir sein, – der Gleichmut ist's, der Andacht heißt«
(2. Gesang, V. 31ff.).

Und im Tun der Pflicht soll man wissen, daß alles *prädestiniert* ist und man selbst nur als *Werkzeug* handelt.

»Auch ohne dich sind sie dem Tod verfallen,
Die Kämpfer all, die dort in Reihen stehen . . .
Du sei nur Werkzeug . . .
Die ich getötet, töte du! nicht zittre! . . .«
(11. Gesang, V. 32bff.).
»Wer darum also sich allein für den Täter der Taten hält,
Infolge seiner Unbildung, der sieht nicht recht und ist ein Tor«
(18. Gesang, V. 16).

Das Pflichtbewußtsein ist es also, das die Motivation zum Mitkämpfen in den schicksalhaften Härten des Lebens überhaupt darstellt. Und auf die Frage nach der Ungleichheit der Menschen lautet die Antwort: Es gibt von Geburt verschiedene Kasten – und verschiedene Kastenpflichten.

»Was Priester, Adlige und Volk, auch was die Çūdras (Sklaven) tun, mein Freund,
Die Taten alle sind verteilt nach Qualitäten ihrer Art.
Ruhe, Selbstbeherrschung, Buße, Reinheit, Geduld und Redlichkeit,
Rechtes Wissen und Gläubigkeit ist Priesters Pflicht, nach seiner Art.
Heldenmut, Kraft und Festigkeit, Geschick im Kampf, Furchtlosigkeit,
Spenden und rechtes Herrentum ist Adels Pflicht, nach seiner Art.
Viehzucht, Ackerbau und Handel ist Volkes Pflicht, nach seiner Art,
Im Dienen bloß besteht die Pflicht für den Çūdra, nach seiner Art.
Wer Freude hat an seiner Pflicht, der Mann erlangt Vollkommenheit; . . .
Wie sie auch sei, die eigne Pflicht ist besser stets als fremde Pflicht;
Bleibt man treu dem eignen Wesen, dann bleibt man frei von aller Schuld.
Tat, die mit dir geboren ist, wenn sie auch sündig, gib nicht auf!
Von Sünde ist doch alles Tun wie das Feuer vom Rauch umhüllt«
(18. Gesang, V. 41ff.).

Was zu dieser Pflichtethik, die also in eine sehr differenzierte Kastenethik einmündet, hinzukommt, ist eine *Ethik des Verzichtes* und der Entsagung. Aber der Verzicht ist nicht, wie in der Bergpredigt, ein Verzicht um des Nächsten willen und um der Gerechtigkeit willen (Spielraum des Rechtes), ist keine gesellschaftliche Kategorie, sondern eine psychologische Kategorie. Wer keinen Wunsch hat, kann nicht Enttäuschung erleben. Von vornherein seine Hoffnung auf nichts setzen, nichts erwarten! »Nimm dir nichts vor, dann schlägt dir nichts fehl!« Das ist die fernöstliche Weisheit aus uralter Zeit. So wappnet sich der Weise durch Anspruchslosigkeit gegen die Launen und Tücken des Schicksals.

»Wer wie das Meer, in das die Wasser strömen,
Das sich anfüllet und doch ruhig dasteht, –
Wer so in sich die Wünsche läßt verschwinden,
Der findet Ruhe – nicht, wer ihnen nachgibt.
Der Mann, der jeden Wunsch aufgab und nichts verlangend lebt dahin,
Von Eigennutz und Selbstsucht frei, der geht zum Seelenfrieden ein«
(2. Gesang, V. 70ff.).

Der Weg zur Erlösung vom Übel wird auch »Wissen« genannt. »Wenn dieses Wissen du erlangt, dann wirst vom Übel du erlöst« (9. Gesang, V. 1b).

Was ist dieses Wissen?

»Entsagung von der Sinnenwelt, vor allem auch Selbstlosigkeit,
Ein recht Erwägen, wie Geburt, Tod, Alter, Krankheit Schmerz bewirkt;
Kein Hang zur Welt, noch Sichklammern an Söhne, Gattin, Haus und Hof,
Beständige Gleichmütigkeit bei jedem Schicksal, gut und bös;
Verehrung, die sich nicht verirrt, durch Andacht, die nur mir geweiht,
Das Wohnen in der Einsamkeit, an Gesellschaft sich nicht erfreun;
Stetes Erkennen höchsten Geist's, die Einsicht in des Wissens Zweck,
Das ist es, was man Wissen nennt, – was anders ist, Nichtwissen heißt's«
(13. Gesang, V. 8ff.).

Und ein anderes Wort, welches diese Lebenseinstellung zusammenfaßt, heißt *Verzicht*.

»Verzicht' auf aller Taten Frucht, als Einer, der sich selbst bezähmt,
Mehr ist Erkenntnis als Bemühn, Versenkung noch viel höher steht,
Noch höh'r Verzicht auf Tatenfrucht, – dann ist der Seelenfrieden da ...
Wer frei von Freude, Unmut, Furcht und Aufregung, der ist mir lieb.
Unbekümmert, rein und tüchtig, unparteiisch und unverzagt,
Alle Pläne fahren lassend, – wer so mich ehrt, der ist mir lieb«
(12. Gesang, V. 11bff.).

Im Unterschied zu vergleichbaren Äußerungen des Paulus (1Kor 7,31: die Welt gebrauchen, als gebrauchte man sie nicht) bezieht sich in diesem indischen Denken die angeratene Distanz nicht nur auf die Dingwelt, sondern auch auf die Menschen. »Gleichmütig gegen Feind und Freund.« Kein »Sichklammern an Söhne, Gattin, Haus und Hof« (13. Gesang, V. 9a). Und wo die Suche nach »Seelenfrieden« als Motivation nicht ausreicht, ist es der Pflichtgedanke, der zum Anker dieser asketischen Grundgesinnung wird. »Die eigene Pflicht steht oben an, und brächte sie uns auch den Tod!« (3. Gesang, V. 35a)

Noch radikaler als stoisches Denken ist diese Abtötung der Gefühlswelt im Inneren des Menschen, womit sich der indische Weise gegen das Schicksal unempfindlich macht und zum »Seelenfrieden« kommt.

Der Glaube an einen Gott steht insofern dahinter, als das Bewußtsein genährt wird, daß diese Haltung der Entsagung dem Gott (Krishna), der in der Gestalt eines menschlichen Helden auftritt, »lieb« ist und zur

Gemeinschaft mit ihm nach dem Tode führen wird. Noch ist es keine eigentliche Theodizee, die die Welt als Werk eines Gottes und Walten einer Vorsehung zu rechtfertigen unternimmt. Insgesamt ist es die Weisung aus einer höheren Welt an die Menschen, wie sie diese ihre Welt bestehen und ertragen können. Aber mit solchen Meditationen *beginnt* das große Thema der Theodizee.

In vielem diesem Urmodell ähnlich, aber doch wieder ganz anders stellt sich das Thema der Theodizee in der römischen Stoa bei Seneca: nämlich als ein Sichdrängen nach der Ehre, mit einem harten Schicksal kämpfen zu dürfen.

2. Seneca

Seneca, ein Zeitgenosse des Paulus, ist die Einheit von Philosoph und Staatsmann, wie sie an sich Platon vorschwebte, in seltener Reinheit und im besten Sinne gewesen, wenngleich er Philosoph nicht im originalen Sinne war (er hatte kein System). Er war philosophierender Schriftsteller und Philosoph im existentiellen Sinn, im Bemühen, den stoischen Weisen zu realisieren und als Philosoph zu leben. »Von Beruf« war er hoher Staatsbeamter, sogar zeitweise faktisch Herr des ganzen Römischen Reiches, als er zusammen mit dem Militär Burhus für den noch unmündigen Nero die Stellung des Reichsverwesers innehatte. Er hat in dieser Stellung viel gesehen und ist dabei zum Menschenkenner geworden, auch zum Menschenverächter, zumindest zum Beamtenverächter. »Der Weise erträgt keinen Staat – und kein Staat einen Weisen« (frei nach: Seneca, Von der Muße des Weisen, Seneca-Ausgabe der Deutschen Bibliothek Berlin, übersetzt von Alexander von Gleichen-Rußwurm, o. J., 142), war schließlich das Fazit seiner Erfahrungen am Hof Neros, als er – sehr spät (vielleicht zu spät) – zurücktrat. Doch der Schritt ins Privatleben wurde ihm von Nero verwehrt, indem er ihn (der zu viel wußte) zum Selbstmord zwang (den, der so viel über den Selbstmord als *die* Antwort auf die Theodizeefrage geredet hatte), ihm die Todesart frei überlassend. Er vollzog ihn in einer Art, die nicht weniger eindrucksvoll war als der Tod des Sokrates in der Schilderung Platons. Er schnitt sich – im weiträumigen Bad seiner luxuriösen Villa in Rom – die Pulsadern auf, zusammen mit seiner Frau, seine letzten Empfindungen wie einen medizinischen Bericht diktierend.

In seiner Schrift »Von der göttlichen Vorsehung« (De providentia) geht er auf die Frage ein, »warum, wenn eine Vorsehung über die Welt waltet, den Guten doch so viel Übel zustoßen« (a.a.O., 42). Das ist nun durchaus das klassische Theodizeeproblem. Seneca will hierbei »die

Rolle eines Anwalts der Götter übernehmen – ein Geschäft, das wenig Schwierigkeit hat« (ebd.). Das überrascht: »wenig Schwierigkeit«; und noch mehr überrascht, wie Seneca nichts am Tatbestand des Übels beschönigt, aber alles darum kreisen läßt: Seien wir doch stolz darauf, von den Göttern gewürdigt zu sein, gegen ein hartes Schicksal kämpfen zu dürfen. Die Götter wollen Helden sehen, wollen heroische Haltung sehen (wie die Kaiser in der Arena); und wohl dem, dem es Freude und Befriedigung ist, mit einem harten Geschick als Gegner kämpfen zu dürfen. Daß eine Vorsehung über der Welt waltet, ist Senecas Voraussetzung. Er legt sie kurz im Eingang seiner Schrift dar: »... daß ein so großes Werk nicht ohne einen Aufseher bestehen könne und daß dieses regelmäßige Hin- und Herwandeln der Gestirne nicht von einem zufälligen Anstoße bewirkt sei, ... daß nicht ein sich selbst überlassener Stoff eine solche Ordnung hervorbringe« (ebd., 42f.). Aber es geht dem Adressaten dieser Schrift, Lucilius, gar nicht um *Zweifel*, sondern um *Beschwerden*. »Aussöhnen will ich dich mit den Göttern, die gegen die Besten am besten gesinnt sind« (ebd., 43).

»Warum begegnen den Guten viele Widerwärtigkeiten?« Antwort: »Alle Widerwärtigkeiten sieht er (der feste Mann) als Übungen« und als Erziehungen eines strengen Vaters (ebd., 44). Doch: »Eines Vaters Sinn hat die Gottheit gegen die Guten und liebt sie kräftig.« »Was auch kommen mag, sie sollen es für gut ansehen, sie sollen es sich zum Besten wenden« (ebd., 45).

»Ohne Gegner erschlafft die Tugend. ... Wo man mit Widerwärtigkeiten beständigen Kampf hat, da gewinnt man für die Schläge eine harte Haut und gibt keinem Übel nach; und ist einer auch gefallen, er kämpft noch auf den Knien. ... Ich weiß nicht, was Jupiter auf Erden Schöneres haben könnte, wenn anders er darauf achten mag, als einen Cato zu sehen, der, nachdem seine Partei schon mehrmals geworfen ist, feststeht, und, wenn auch alles zusammenstürzt, dennoch das Haupt nicht senkt. ›Mag alles‹, spricht er, ›sich dem Einzigen fügen, mögen die Länder von Legionen, die Meere von Flotten umstellt sein, und Cäsars Soldaten die Pforten versperrt halten: Cato hat einen Ausweg. Mit einer einzigen Hand kann er der Freiheit eine Gasse machen. Dieses Schwert, auch im Bürgerkriege rein und schuldlos bewahrt, wird endlich einen guten und edlen Dienst tun. Die Freiheit, die es dem Vaterlande nicht erringen konnte, wird es dem Cato geben ...‹ Es ist mir klar, die Götter haben's mit hoher Freude gesehen, wie dieser Mann, sein eigener heftigster Rächer, für anderer Rettung noch sorgt, wie er der Flucht der Weichenden den Weg weist, wie er in tiefster Nacht noch an seinem Studium ist, wie er das Schwert in die unentweihte Brust stößt ...

Doch ich will nun im weiteren Verlaufe meiner Darstellung zeigen, wie das kein Übel ist, was so scheint ...

Der schwierigste meiner Sätze scheint mir, daß das, wovor wir zurückschaudern und beben, zum Besten derer diene, die es trifft. ›Zu ihrem Besten soll es sein‹, wendest du ein, ›in Verbannung verstoßen, in Armut gestürzt zu werden, Weib und Kinder zu verlieren, Schmach, Verlust und Verstümmlung zu leiden?‹« (ebd., 45ff.)

»Zu ihrem Besten« – hier klingt Paulus an (Röm 8,28). Man hat ja von einem Briefwechsel zwischen Seneca und Paulus gesprochen. Aber dieser ist sicher Legende. Immerhin gibt es Berührungspunkte wie das »zum Besten wenden« (ebd., 45), zum Besten dienen (pro ipsis esse, ebd., 46). Oder in der Schrift »Vom glückseligen Leben«: Die Dinge, die zum Leben gehören, »nicht vernachlässigend, ohne auf irgendeines großen Wert zu legen, hinnehmend die Gaben des Glücks, aber nicht darum frönend« (ebd., 8). Klingt das nicht nach 1Kor 7,30f. »Haben, als hätte man nicht«? Und doch liegen zwischen Paulus und Seneca Welten. Was Paulus als Fluch der Sünde sieht, will Seneca in eine Lust am Schmerz ummünzen.

»Eine Schande achtet es der Gladiator, mit einem Schwächeren zu streiten, und weiß, daß einer, den man ohne Gefecht besiegt, ohne Ruhm überwunden werde. Gerade so macht es das Schicksal, es sucht die Stärksten, ihm Gewachsenen auf: An manchen geht es mit Ekel vorüber. – Den Trotzigsten stets und am meisten aufrecht Stehenden greift es an, daß es seine Kraft gegen ihn anstrenge. Mit Feuer macht es seine Probe an Mucius (Scävola), mit der Armut an Fabricius, mit der Verbannung an Rutilius, mit Foltern an Regulus, mit Geist an Sokrates, mit dem Tod an Cato. Ein großes Beispiel kommt nur bei schlimmem Geschick vor« (ebd., 48).

Und diese alle können sich glücklich preisen, die eines solchen Geschickes, das der Nachwelt ihren Ruhm überliefert, gewürdigt werden. Und das gilt für jeden.

»Kriegsmänner rühmen sich ihrer Wunden; freudig reden sie von dem Blute, das sie zu vergießen so glücklich waren ... Den Steuermann lernst du im Sturm, in der Schlacht den Krieger erkennen ... Das Mißgeschick ist Gelegenheit, eure innere Kraft zu entwickeln ... Bei dem Gedanken an eine Wunde erblaßt der junge Soldat, kühn schaut der alte Krieger auf sein Blut, er weiß, wie oft er nach Blutverlust gesiegt. – Die also, welche sie liebt, härtet die Gottheit ab, prüft und übt sie ... Es ist nicht Grausamkeit, ein Wettkampf ist's; je öfter wir ihn bestehen, desto mehr Kraft werden wir haben (Non est saevitia, certamen est)« (ebd., 52ff.).

Seneca spricht als römischer Aristokrat. Seine Beispiele entstammen vor allem dem politischen und militärischen Leben. Die Not der unteren Volksschichten ist kaum in sein Bewußtsein gedrungen. Seine Welt war die politische Welt, der Kampf der Parteien, der Kampf um die Macht, das Sichdurchsetzen des Robusteren, des Verschlageneren, des Rücksichtslosen. Aber der Untergang des Edleren und der Fall des Guten war ihm nicht Tragik, sondern Anlaß, daß sich hierin eine ideale Welt, die innere Welt von Stolz und Ehre erhebt. Was jemand an äußerem Wohlergehen einbüßt, das gewinnt er, wenn er zur rechten Einstellung gelangt, an innerer Befriedigung; und seinem Stolz entspricht ein

Maß an Ehre, das man ihm gibt. Das ist die heroische Antwort auf die Frage der Theodizee. Das Leiden als solches wird verklärt. Der homo patiens wird zum Urmuster des wahren Menschen und das Leiden zu etwas, worin der Mensch sogar über den Göttern stehen kann: »Hier ist der Punkt, auf dem ihr über der Gottheit stehn könnt; sie ist vom Dulden der Übel ausgeschlossen; ihr seid darüber erhaben« (ebd., 60). Hier erweist sich Senecas Gottesbegriff als dem christlichen ganz entgegengesetzt. Trotz des Wortes: »Eines Vaters Sinn hat die Gottheit gegen die Guten« (ebd., 45)[3], steht der stoische Gott dem Leiden der Menschen unbeteiligt und in Distanz gegenüber. Er ist vom Leiden unbetroffen. Freilich hat dieses sogenannte Apathieaxiom auch in der alten Christenheit vom Schöpfergott der Bibel gegolten (erst heutige Theologie stellt es in Frage). Aber in der Gestalt des Gekreuzigten[4] hat der christliche Glaube doch ein Gottesbild, das Gott am Leiden Anteil gibt, ihm damit Emotion, Barmherzigkeit und echte Liebe zum einzelnen zuspricht – und in dieser Einstellung das Leiden als Unwert, als das Nichtseinsollende, als das zu Überwindende verneinen läßt (Apk 21,4: »Der Tod wird nicht mehr sein, noch Leid, noch Geschrei, noch Schmerz«).

Die Theodizee des Seneca gipfelt in dem Argument, daß Gott dem Menschen doch die Freiheit gegeben hat, an sich selbst Hand anzulegen; und daß er, der Mensch, im Wissen darum, jederzeit Schluß machen zu können, doch zu jedem Wagnis und jedem Einsatz bereit sein kann. Gott im stoischen Denken ist nicht allmächtig in dem Sinne, daß er ein individuelles Schicksal lenken und vom Äußersten erlösen könnte. Aber im Wissen darum, daß sie nicht alles zum Guten wenden können und selber in die Lage kommen können, nicht mehr weiterzuwissen, haben die Götter dem Menschen den Ausweg offengelassen, im Falle äußersten Schmerzes (oder letzter Ausweglosigkeit oder um ein Zeichen zu setzen) sich selbst zu helfen. Daß der Selbstmord physiologisch dem Menschen möglich ist, erscheint als Einverständnis seitens der Götter.

»Die Hauptsache ist: ich habe dafür gesorgt, daß niemand euch wider euren Willen halten kann: der Ausweg ist offen (patet exitus). Wollt ihr nicht kämpfen, so könnt ihr euch davonmachen. Zu diesem Endzweck habe ich euch von allem, was euch notwendig sein sollte, nichts leichter gemacht als das Sterben. An einem Orte, wo er leicht hinaus kann, habe ich dem Lebenshauch seine Stelle angewiesen ...

[3] Doch ist hier »Vater« im Gegensatz zur Mutter gemeint: Väter fordern ihre Kinder, Mütter neigen zur Verweichlichung.

[4] Daß Seneca von Jesus Christus gewußt hat, könnte jene Stelle in seiner Schrift »Von der Kürze des Lebens« als möglich erscheinen lassen, wo er von den »hochberühmten Religionsstiftern« spricht: »für uns geboren, so haben sie uns den Weg zum Leben gebahnt« (ebd., 165). Illi clarissimi sacrarum opinionum conditores nobis nati sunt, nobis vitam praeparaverunt.

Beim Ausgange habe ich euch keine so langen Hemmungen gesetzt, wie beim Eingange, sonst würde das Schicksal eine gewaltige Herrschaft über euch behaupten, wenn es mit dem Sterben des Menschen so langsam ginge, wie mit seiner Geburt. Jeder Augenblick, jeder Ort kann euch zeigen, wie leicht es ist, der Natur den Dienst aufzukündigen und derselben ihr Geschenk zurückzugeben ...

Gerade, was man Sterben nennt, das Scheiden der Seele vom Körper, ist schneller vorüber, als daß man diese Schnelligkeit wahrnehmen könnte. Mag nun eine Schlinge den Schlund zusammenschnüren, oder ein Wassertropfen die Luftröhre verschließen, oder mag einer, auf den Schädel gestürzt, durch den harten Boden, auf den er fiel, zerschmettert werden, oder die Flamme, die dich umlodert, dem Atem den Lauf abschneiden, es sei, was es will, schnell geht's. Schämt ihr euch nicht? Was so schnell geschehen ist, das fürchtet ihr lange?« (ebd., 60f.)

Als Kritik an dieser »Theodizee« noch folgendes: *Erstens* fällt auf, daß Seneca die Frage des Leidens und der Übel ganz vom *Subjekt* des Leidenden aus, ganz egozentrisch, nicht im Blick auf andere und Mitbetroffene stellt. Die Hauptsache ist, wie man selbst mit dem Leiden fertig wird. Das Übel wird nicht sachlich und objektiv gesehen. Leiden ist der Fehler der meisten Menschen, entweder nicht heroisch genug oder nicht masochistisch genug veranlagt zu sein. Es fehlt *zweitens* ganz das Bemühen, die Dinge sachlich verändern zu wollen, zur Buße aufzurufen und das Geschehen und Treiben als sündig zu verurteilen und dem, was *ist*, zu konfrontieren, was sein *soll*. Das heißt *drittens*: Der Wille der Götter und die Wirklichkeit fallen in eins, wie immer, wenn man im Plural von »den Göttern« spricht. *Die* Götter – das ist nur ein anderes Wort für die Wirklichkeit in ihrer Vielgestalt, und zwar für eine Wirklichkeit, in der man keine bessere Möglichkeit angelegt findet, von der man keine *Eigentlichkeit* abhebt, sondern die man als fertige Wirklichkeit begreift und fraglos nimmt, wie sie ist. *Aus* der Wirklichkeit wird der Wille der Götter abgelesen. Was wirklich ist, ist richtig. Demgegenüber haben die ältesten Christen der Wirklichkeit, wie sie ist, den Willen und das Gebot Gottes entgegengestellt, haben sie die Wirklichkeit als verderbt abgewertet und der faktischen Wirklichkeit eine ideale, eine *bessere* Wirklichkeit, das Reich Gottes als zukünftige Wirklichkeit *gegenübergestellt*. – Und *viertens* wäre noch dies zu sagen: Heroismus gibt es nicht an sich, als abstrakten Kampf gegen *das* Schicksal. Wohl nur im Einsatz für eine *bestimmte* Sache ist Heroismus mehr als Abenteurertum oder Ehrsucht. Die christlichen Märtyrer hatten ihre bestimmte Sache, und das stellt sie über den *abstrakten* Märtyrer *des* Schicksals, über den die Stoa nicht hinausgekommen ist.

3. Plotin

Plotins Lehre (er wurde etwa 204/205 n. Chr. geboren) versteht sich als Erneuerung des alten Platonismus. Vor allem den Gedanken Platons, daß die Welt schön (ein Kosmos) und gut ist, will Plotin gegen den spätantiken Pessimismus und gegen den Dualismus besonders der Gnostiker verteidigen. So bildet er einen Monismus aus und unterscheidet sich dadurch nun doch von Platon, daß er dessen Zweiteilung der Welt in Ideen und Idole (konkrete Einzeldinge) auflöst in einen kontinuierlichen Übergang vom Göttlichen (dem »Einen«) zu den sinnlichen Einzeldingen. Aber die Hauptsache ist ihm: Die Welt ist »der Gottheit lebendiges Kleid« (wie er gern Platon zitiert).

Der Neuplatonismus war die *eine* Front, gegen die der christliche Schöpfungsglaube sich ausbildete, die andere, entgegengesetzte Front war der Manichäismus, der Weltverachtung und Weltdämonisierung bedeutete. Im Gegensatz zu diesem will Plotin die antike Weltverherrlichung, die Gleichsetzung von Kosmos und Schmuck, die Vergoldung der Welt wie im Denken Platons erneuern, und zwar in einer Zeit (Spätantike), in der die antike Weltverherrlichung einen Stoß erhalten hatte: vom Orient her waren recht pessimistische und dualistische Religionen bekanntgeworden (unter ihnen das Christentum), und die Gnosis behauptete, die ganze Welt sei mit bösen unreinen Schlacken durchsetzt. Auch das Christentum erschien dem Neuplatonismus, einem Mann wie Porphyrius (der eine Lebensbeschreibung Plotins gegeben hat), als zu pessimistisch. Er hat 15 Bücher gegen die Christen geschrieben. Diese wiederum sahen den Neuplatonismus als Weltvergötzung an.

Plotin lehrt: Die Welt »ist gut und schön und herrlich und könnte gar nicht besser sein. Man darf nur nicht auf Einzelheiten starr hinblicken, sondern muß das Ganze ins Auge fassen und die Fülle des Schönen in der irdischen Natur, die Majestät des Sternenhimmels, die alles durchwaltende Harmonie auf sich wirken lassen. Dann spürt man, daß sie die Offenbarung eines höchsten Einen ist, das in naturnotwendiger Minderung von Stufe zu Stufe schwächer das All durchdringt, aber auch in der letzten Tiefe noch die Sehnsucht der Seele weckt, aus Finsternis zum Licht emporzusteigen. Wer das erkannt hat, der träumt sich keine neue Erde jenseits dieser Welt, redet nicht vom Sündenfall des ganzen Kosmos, von Reue und Höllenstrafen, kennt weder Dämonenfurcht noch Zauberformeln.

Hier kommt der Gegensatz gegen jeden Dualismus und jeden Pessimismus der Welterfassung scharf zum Ausdruck« (Hans Lietzmann, Geschichte der Alten Kirche, Band 3, Berlin ²1953, 18).

Diesen Optimismus in bezug auf die Welt konnte Plotin aber nur so durchhalten, daß er das Böse und das Übel als den eigentlichen Menschen, d. h. seine Seele, den »inneren Menschen«, gar nicht betreffend hinstellte. So schon Platon: Der Weise leidet nicht – mag er äußerlich in

Unglück stürzen. Ähnlich Plotin: Es ist der äußere Mensch, der klagt und jammert, nicht der »innere Mensch«, die Seele. Alles menschliche Leben ist überhaupt nur ein »Spiel«.

So ist die Frage nicht die, ob *die* Welt schlecht ist oder gut, sondern wie sie für den »Tugendhaften«, nicht für den »großen Haufen«, ist (Enneaden II, 9,9). Der Tugendhafte sieht die Welt mit ganz anderen Augen und hat keine Ansprüche und kein eigenes Maß, wie sie sein soll, z. B. nicht das Vorurteil, daß alle Menschen in gleicher Lage seien und es nicht den Unterschied zwischen arm und reich geben dürfe.

Es ist das 9. Buch der zweiten Enneade (= Neunergruppe[5]), das Porphyrius, der Herausgeber der Enneaden, so überschrieben hat: »Gegen die Gnostiker oder Gegen die, welche sagen, der Weltbildner sei schlecht und die Welt sei schlecht«.

»Wenn aber jemand Reichtum und Armut tadelt und die Ungleichheit in allen derartigen Dingen, so weiß er erstens nicht, daß der Tugendhafte hierin die Gleichheit nicht sucht, auch nicht glaubt, daß die Wohlhabenderen etwas voraus besitzen oder die Herrscher vor den Privatleuten, sondern dieses Streben überläßt er andern und er hat gelernt, daß das Leben hier ein doppeltes ist: das eine für die Tugendhaften, das andere für den großen Haufen« (a.a.O. [Anm. 5], 139).

Es liegt im Wesen der Welt, die eine Stufenfolge vom *Einen* (von Gott) bis zu den Einzeldingen darstellt, daß die niederen Stufen nicht die Vollkommenheit der obersten Stufe besitzen (vergleichbar dem metaphysischen Übel bei Leibniz):

»Wer also die Natur der Welt tadelt, weiß nicht, was er tut, noch wieweit er sich in seiner Frechheit versteigt. Dies kommt aber daher, weil sie das Gesetz der Stufenfolge vom Ersten, Zweiten, Dritten u.s.f. bis zum Letzten nicht kennen, weil sie nicht wissen, daß man es den Dingen nicht vorwerfen darf, weil sie schlechter sind als das Erste« (ebd., 145).

»Ebenso wenig darf man wiederum verlangen, daß alle gut seien, und weil dies nicht möglich ist, wieder frisch darauf los tadeln, indem man verlangt, daß diese Welt sich von jener in nichts unterscheide« (ebd., 146).

Es kommt freilich auf die innere Einstellung des Betrachters an. Wer die Lust zum Endzweck des Lebens setzt, wird viele Mängel an der Welt erfahren.

»Da es nämlich zwei Hauptansichten von der Art der Erreichung des letzten Zweckes gibt, die eine, welche die Lust des Körpers als Endzweck setzt, die andere, welche das Schöne und die Tugend erwählt, deren Streben aus Gott ist und

[5] Die Enneaden bestehen aus 6 Enneaden zu je 9 Büchern. Wir zitieren nach: Die Enneaden des Plotin, übersetzt v. Hermann Friedrich Müller, Bd. 1, Berlin 1878.

auf Gott gerichtet..., so leugnet Epikur die Vorsehung und fordert uns auf, der Lust und deren Befriedigung nachzujagen, was dann allein noch übrig bleibt. Diese Lehre aber tadelt in noch frecherer Weise den Herrn der Vorsehung und die Vorsehung selbst, verachtet alle hier gültigen Gesetze, gibt die seit jeher als gültig aufgestellte Tugend und die besonnene Mäßigung dem Gelächter preis, damit hier unten ja nichts Schönes erblickt würde, beseitigt die Besonnenheit und die mit dem sittlichen Gefühl verwachsene Gerechtigkeit, welche durch Vernunft und Übung vervollkommnet wird, und überhaupt alles, wodurch ein Mensch tugendhaft werden könnte. Folglich bleibt für sie nur die Lust übrig, die Selbstsucht, die Absonderung von andern Menschen, das Nützlichkeitsprinzip, falls nicht jemand von Natur besser ist als diese Lehre« (ebd., 148).

In der dritten Enneade setzt sich diese Theodizee fort, und zwar in den Büchern 2 und 3, die überschrieben sind: Von der Vorsehung I und Von der Vorsehung II.

Man muß den Blick auf das *Ganze* der Welt richten (das klassische Argument an der Theodizeefrage, obwohl diese Frage gerade am einzelnen aufbricht und hiervon absehen zu sollen eigentlich die Frage als solche aufhebt) – und auch das Schlechte nützt dem Guten.

»Wer nun aus den Teilen das Ganze tadelt, der geht mit seinem Tadel irre. Denn die Teile muß man in Beziehung auf das Ganze betrachten, ob sie mit ihm stimmen und zu ihm passen; wenn man aber das Ganze ins Auge faßt, so hat man nicht auf einzelne kleine Teile zu blicken. Denn das heißt nicht die Welt tadeln, sondern einen ihrer Teile besonders vornehmen, wie wenn man von dem gesamten Organismus ein Haar oder eine Zehe betrachten wollte, ohne dabei auf den ganzen Menschen, diesen göttlichen Anblick, zu sehen« (ebd., 168f.).

»Armut und Krankheit ist für die Guten nichts, für die Schlechten nützlich; auch müssen wir krank sein, da wir Körper haben... Und einiges nützt denen selbst, die es leiden, wie Armut und Krankheit, die Schlechtigkeit aber bringt etwas für das Ganze nützliche zu Stande, indem sie zum Vorbild der Gerechtigkeit wird und vieles nützliche aus sich hervorgehen läßt. Denn sie macht wachsam, sie weckt Geist und Verstand, indem man sich den Wegen der Schlechtigkeit entgegenstellt, sie läßt erkennen, was für ein Gut die Tugend ist durch Gegenüberstellung der Leiden, welche den Schlechten zu Teil werden. Das Böse ist dazu nicht entstanden, sondern da es einmal entstanden ist, bedient sich, wie gesagt, die Vernunft auch seiner zu dem, was nötig ist. Das aber ist ein Beweis der höchsten Macht, auch das Schlechte schön gebrauchen zu können und im Stande zu sein, das Gestaltlose zu andern Gestalten zu verwenden. Überhaupt muß man das Böse als Mangel des Guten auffassen« (ebd., 171f.).

Was nun die Frage betrifft, daß den Guten so oft Böses und den Bösen Gutes widerfährt, so hebt Plotin diese Frage als im Grunde belanglos einfach auf.

»Was nun das Unverdiente betrifft, wenn Guten böses widerfährt, Bösen aber gutes, so ist es eine richtige Behauptung zu sagen, daß es für den Guten nichts böses gibt und umgekehrt für den Bösen nichts gutes. Aber warum widerfährt das Naturwidrige diesem, das Naturgemäße dagegen dem Schlechten? Denn wie ist es schön, so zu verteilen? Aber wenn das Naturgemäße zum Glücke nichts hinzufügt und das Naturwidrige bei dem Schlechten von dem Übel nichts hinwegnimmt, was macht es dann für einen Unterschied, wenn der eine schön, der andere häßlich ist von Gestalt« (ebd., 172).

Doch macht Plotin jetzt eine Einschränkung: »Daß ... die Bösen auch Herren und Herrscher der Städte, die Guten ihre Sklaven sind, geziemt sich in der Tat nicht, auch dann nicht, wenn dies zum Besitz des Guten oder Bösen nichts austrägt« (ebd., 172). So steigen doch Zweifel an der Vorsehung auf; denn wenn jemand auf das Ganze blicken muß, dann muß er auch auf die Teile acht haben, »zumal wenn sie beseelt sind, Leben haben und vernunftbegabt sind« (ebd., 172). So bleibt doch die Frage, »inwiefern dies alles im einzelnen sich schön verhält« (ebd., 173).

Die Argumentation nimmt jetzt eine Wendung in die Richtung, daß Glaube an Vorsehung nicht bedeutet, selber in Trägheit zu verharren, nichts zu tun und sich retten zu lassen. »Es herrschen aber die Schlechten durch das unmännliche Wesen der Beherrschten ... Die Vorsehung darf nämlich nicht derart sein, daß wir nichts sind« (ebd., 175). So wird der Mensch doch zu Aktivität ermahnt und dazu, sich gegen die Schlechten zu wappnen. Aber diese Einschaltung wird alsbald eingeholt durch das Argument, daß alles Ergehen in diesem Leben eine Strafe oder Belohnung für das Verhalten in einem früheren Leben sei.

»Denn auch jene Ansicht darf man keineswegs von der Hand weisen, welche lehrt, man solle nicht jedesmal bloß auf den gegenwärtigen Zustand blicken, sondern auch auf die früheren Perioden und ebenso auf die Zukunft, daß die Zukunft, daß die Vernunft danach ihre Vergeltung bemißt und Änderungen vornimmt, indem sie aus früheren Herren Sklaven macht, wenn sie schlechte Herren waren ..., daß ferner solche, die ungerecht getötet haben, getötet werden ... Denn man glaube ja nicht, daß jemand zufällig Sklave ist, daß er zufällig in Gefangenschaft gerät oder ohne Grund an seinem Leibe Unbill erleidet, sondern er hat dies einst getan, was er jetzt leidet: wer seine Mutter getötet hat, wird selbst ein Weib und dann von seinem Sohne getötet werden, und wer ein Weib geschändet hat, wird ein Weib werden, um geschändet zu werden« (ebd., 178f.).

Aber ein Einwand und ein Zweifel an der Vorsehung bleibt: daß sich die Tiere »gegenseitig« auffressen »und die Menschen einander nachstellen, daß stets Krieg ist, der wohl schwerlich je ein Ende oder einen Stillstand erreicht« (ebd., 180). Die Antwort ist: Sterben ermöglicht neues Leben und ist nur ein Wechsel des Leibes:

»Aber worin ist die Notwendigkeit dieses unversöhnlichen Krieges zwischen Tieren und Menschen begründet? Vielleicht ist das gegenseitige Sichauffressen notwendig, um die Geschöpfe mit einander wechseln und sich ablösen zu lassen, die ja, auch wenn man sie nicht töten wollte, sowieso nicht ewig bleiben können. Wenn sie also in der Zeit, in der sie abgehen müssen, so abgehen mußten, daß andern ein Nutzen durch sie erwuchs, was ist da zu klagen? Oder wenn sie verzehrt als andere ins Leben zurückkehren? So ähnlich wie auf der Bühne der ermordete Schauspieler seinen Anzug wechselt und mit einer andern Maske wieder auftritt, in Wahrheit aber gar nicht gestorben ist. Wenn nun auch das Sterben ein Wechsel des Leibes ist wie dort ein Wechsel des Gewandes, oder auch ein Ablegen des Körpers wie dort ein völliges Abtreten von der Bühne, was hat alsdann ein derartiger Übergang der Tiere ineinander schlimmes an sich, der doch um vieles besser ist, als wenn sie von Anfang an gar nicht entstanden wären?« (ebd., 181).

Und dann folgt eine Stelle, in der sich die ganze Theodizee des Plotin zusammenfaßt: Das ganze Leben ist doch nur ein Spiel, ein Traum, ein Schein. Es ist der äußere Mensch, der leidet, nicht der eigentliche, der wahre, der *innere* Mensch:

»Die gegeneinander gerichteten Waffen der sterblichen Menschen aber, die in schöner Ordnung kämpfen wie sie es beim Waffentanz spielend tun, deuten uns an, daß alles menschliche Leben ein Spiel ist und zeigen uns, daß der Tod nichts schlimmes sei, daß man durch Sterben im Krieg und Kampf ein wenig vorwegnimmt, was im Alter geschieht, daß man schneller abtritt, um schneller wieder aufzutreten ... Und wie auf den Bühnen der Theater so muß man auch die Morde betrachten, die verschiedenen Arten des Todes, die Eroberungen und Plünderungen von Städten, alles als Veränderungen und Wechsel der Scenen, als bloße Darstellungen von Jammer und Wehklagen. Denn auch hier in allen und jeden Wechselfällen des Lebens ist es nicht die innere Seele, sondern der äußere Schatten des Menschen, welcher klagt und jammert und alles tut, indem die Menschen auf der ganzen Erde als ihrer Bühne an verschiedenen Orten ihre Scenen aufführen. Denn das sind alles Taten eines Menschen, der nur das untere und äußere Leben zu führen versteht oder nicht weiß, daß seine Tränen und sein Ernst ein Spiel sind ... Und auch den Umstand muß man erwägen, daß man Weinen und Klagen nicht als Beweis für wirkliche Leiden ansehen darf, weil ja auch Kinder über Dinge, die kleine Leiden sind, weinen und klagen« (ebd., 181f.).

Aber hebt das nicht jede moralische Bewertung auf? Wie kann man dann noch von Schlechtigkeit, von Sünde, von Ungerechtigkeit sprechen? »Wie wollen wir sagen, daß einiges naturgemäß, anderes widernatürlich sei, wenn alles, was geschieht und getan wird, naturgemäß ist? Wie kann es dem Göttlichen gegenüber noch Gottlosigkeit geben, wenn das, was getan wird, so beschaffen ist?« (ebd., 182)

Auf diese Frage gibt Plotin keine Antwort, es sei denn in der Bemerkung: Es gibt nichts Schlechtes »an sich«, aber auch das Verweigern der Entschuldigung und Verzeihung sei vernünftig (ebd., 184). Er verweist nur noch einmal darauf, daß, was im Einzelfall widrig und unvollkommen scheint, im ganzen doch in eine »Harmonie« sich fügt. Es ist das Drama und die Musik, was ihm zum Gleichnis für diesen Gedanken des Ausgleichs wird (ebd., 182ff.). Und offenbar gilt ihm *dies* als das Gute: eben jene Auffassung vom Rechtgeschehen in der Welt zu haben; und dies gilt ihm als das Schlechte: mit der Vorsehung zu hadern.

Aber der Preis für diese Theodizee ist der radikale Idealismus, die Abwertung alles Leiblichen, Körperlichen und Elementaren an den Dingen des Lebens.

Bei solchem Spiritualismus, dem Alleingeltenlassen des *inneren* Menschen, hat man es natürlich leicht, Übel und Leid fortzudiskutieren und die Welt für göttlich und schön zu erklären. Dem entgegen atmet die alttestamentliche Schöpfungstheologie doch eine andere Luft. Sie nimmt auch das Körperliche und Leibliche ernst; sie kennt auch die Klage über Not und Leid. So im Hiob-Buch und in den Psalmen. Sie erstrebt nicht die Ekstase aus dem Leiblichen und Irdischen, um in körperfreier Existenz in höheren Himmeln die Eigentlichkeit des Menschseins zu erleben. Bei aller Klarstellung gegen die Dualisten und Pessimisten, daß Gottes Schöpfung ›gut‹ ist, verliert die biblische Schöpfungstheologie doch nicht das Wissen um Not, Leid und Gefährdungen. Was *ihr* Wort zu den Übeln in der Welt ist, dazu nun im folgenden.

II. Biblische Weisungen

1. Die alttestamentliche Schöpfungstheologie

Der ältere Jahweglauben kennt noch nicht den Zweifel an Gottes Gerechtigkeit und Güte. Dieser bricht erst im Hiob-Buch auf, also in einer Zeit, als mit dem Fehlen eines eigenen Staatswesens das Verhältnis des *einzelnen* zu Gott in den Vordergrund rückte. Zuvor war Ezechiel zu der Erkenntnis gelangt, daß niemand für die Sünden der Väter büße, sondern jedem nach seinen eigenen Taten Vergeltung, Lohn oder Strafe, zuteil werde (Ez 18,1ff.). Dieses Dogma von der individuellen Vergeltung (Tun-Ergehen-Zusammenhang), das in der Geschichte Israels als Alternative zum Kollektivschuldgedanken der älteren Zeit entstanden ist, führte im Hiob-Buch zu jener Krise, die das Theodizeeproblem eigentlich aufgebracht hat, so daß die Ausdrücke Hiob-Problem und Theodizeeproblem zu gleichbedeutenden Begriffen geworden sind. Aber ehe wir hierauf näher eingehen, wollen wir einen Blick auf die Frage werfen, wie das Alte Testament unabhängig vom Hiob-Problem über das Übel, das die Menschen trifft, gedacht hat. Wir wollen die Frage stellen: Was sagt das Alte Testament, besonders die alttestamentliche Schöpfungstheologie, zum Übel, und das wird vor allem die Frage sein, wie das Übel zu bewältigen ist.

Hierzu fünf Sätze. *Erstens:* Das Übel ist Strafe für Schuld. – Es gibt ein *Strafübel*, und dieses kann über das ganze Volk hereinbrechen und kann sich auch auswirken in späteren Generationen. So in der Erzählung vom »Sündenfall« (Gen 3), im Bericht von der Sintflut (Gen 6–8), in der Deutung der Katastrophe der Geschichte des Volkes, die zur Exilierung führte (Klagelieder Jeremias). Aber auch über einzelnes Fehlverhalten ergeht das göttliche Gericht, wie über Davids Ehebruch, hier in der Gestalt, daß »das Kind, das Urias Weib David geboren hatte«, starb (2Sam 12,15ff.). – Es wird die »Weltanschauung« begründet, daß Fluch und Segen vom *moralischen* Verhalten der Gemeinschaft abhängen (Lev 26). »Werdet ihr in meinen Satzungen wandeln und meine Gebote halten«, dann wird Segen über das Volk ergehen: fruchtbares Erntewetter, »Frieden in eurem Lande« (Lev 26,3ff.). »Werdet ihr aber mir nicht gehorchen«, so bricht ein Fluch über das Land herein. »Eure Mühe und Arbeit soll verloren sein« (Lev 26,14ff.). Auch Jer 17,5ff. haben diese Gegenüberstellung von Fluch und Segen. – Was ist der Sinn dieser »Weltanschauung«, die zur Vorstellung einer »sittlichen Weltordnung« geführt hat (auch im alten Griechentum bei Hesiod anklingt, ehe sie durch tragisches Denken zersetzt wird) und sich in dem viel zitierten Vers zusammenfaßt: »Gerechtigkeit erhöhet ein Volk, aber die Sünde ist der Leute Verderben« (Spr 14,34)?

Es ist die Antithese gegenüber der tragischen Weltanschauung, derzufolge das Übel im Wesen der Verhältnisse liegt. Man meint hier (etwa im Prometheusmythos des Äschylos): So sehr viel liegt doch nicht *am Menschen* und daran, wie *er* Recht, Ordnung und Moral handhabt. Entscheidend sind ganz objektive Weltgesetze, und die *zwingen* in Not und Schuld. Es sind die Anständigsten, die Edlen, die zugrunde gehen – gerade *wenn* sie Recht und Moral verfechten und sich aufbäumen gegen die Weltmächte (in Gestalt von Göttern), die dem Menschen feindlich sind. Eine *Misanthropie* der Götter schwebt über dem Geschick der Sterblichen. Gott ist des Menschen Feind und Neider. Ganz anders in der Bibel. Nicht aus grundsätzlicher Mißgunst Gottes oder von Göttern ergeht ein Verhängnis und etwas Schlimmes, sondern wie aus gezieltem Anlaß und als bestimmte Reaktion auf ein Fehlverhalten: als Signal- oder Reaktionsübel, als kollektive Schmerzanzeige, als Anstoß zur Korrektur eines das Leben gefährdenden Weges, zur Besserung und Heilung. So steht biblisch dem grundsätzlichen *Neid* der Götter der konkrete *Zorn* Gottes gegenüber (Röm 1,18ff.) und der Misanthropie die Philanthropie. Besonders das Neue Testament hebt diese hervor, nachdem im Alten Testament die *Gerechtigkeit* Gottes der beherrschende Zug war, und zwar eine Gerechtigkeit, die keine *mechanische* Vergeltung bedeutete, sondern Gnade kannte und eine besondere Zuwendung zu Israel als *seinem* Volk. So geschehen auch Strafübel zugunsten *seines* Volkes, wie die Plagen über die Ägypter (Ex 7–11); und in allen Strafen regt sich ein gnädiges Bewahrenwollen (Gen 3,21: Gott kleidet Adam und Eva; Gen 4,15: das Kainszeichen zum Schutze Kains vor schrankenloser Vergeltung; Gen 8,21: Abbruch der Sintflut).

Die Vorstellung vom Strafübel besagt also: Das Übel *muß nicht* sein, es liegt nicht im Wesen der Dinge, die ein Paradies sein könnten. Es liegt ganz am Menschen, wie frei von Übeln er lebt. Und nicht nur technisch, sondern auch moralisch kann man etwas »falsch machen«. Es ist der Glaube an die Realität moralischer Faktoren.

Es war Schleiermacher, der die Ansicht vertreten hat (hiermit doch ganz genuin alttestamentliches Denken erfassend): »Alles Übel ist als Strafe der Sünde anzusehen« (Der christliche Glaube, 2. Aufl., § 76). Und das Kollektive, das hiermit im ursprünglichen alttestamentlichen Denken gemeint war, wurde ihm zur Bestätigung dieses Kausalzusammenhanges. Denn nicht im Individuellen gelte dieser Zusammenhang

(»wieviel Sünde ... soviel Übel«), sondern »wenn wir in einem Kreise zusammengehörigen Lebens von nicht zu kleinem Maßstabe stehen bleiben« (§ 77,1). Albrecht Ritschl hatte dem widersprochen. Aber trotz Ritschls Einspruch gegen ein »direktes Verhältnis« von Sünde und Übel (Die christliche Lehre von der Rechtfertigung und Versöhnung, III, Bonn [1]1874, 310) wird man im Prinzip an dieser Weltsicht festzuhalten haben, daß moralisches Fehlverhalten negative Auswirkungen auf das Gedeihen einer Gesellschaft hat – sosehr diese Sicht in vielerlei Hinsicht ihre Grenzen hat und auch im Alten Testament nicht das einzige Wort zum Thema Übel geblieben ist. Aber Ethik und Moral sind nicht Selbstzweck, sondern sollen dem Wohl des menschlichen Zusammenlebens dienen. Christlicher Glaube muß an der Realität moralischer Faktoren festhalten, sosehr im einzelnen kontrovers sein mag, was »Moral« ist.[6]

Zweitens: Das Alte Testament zeigt, daß eine irrationale, eine ganz kontingente (zufällige) Bevorzugung der einen und Hintansetzung anderer besteht. Es ist dies das Übel der *Ungleichheit der Menschen.* Aber ist es ein Übel? Man könnte es ein relatives Übel nennen, relativ in bezug auf die Voraussetzung, daß es eine Gleichheit der Menschen gibt oder geben solle.

Die Ungleichheit kann zweierlei Art sein, eine Ungleichheit im *geschichtlichen Ergehen:* Gen 40 wird der Mundschenk wieder in sein Amt eingesetzt, der Bäcker dagegen wird zum Tode verurteilt – aus reiner Willkür. Oder der »Lieblingsjünger« und Petrus (Joh 21,20): Der eine bleibt lange am Leben, der andere stirbt den Märtyrertod. Und es gibt *Sklaven und Freie.* Das Prinzip der Dienstleistung der einen für die anderen wird, auch im Neuen Testament, nicht angetastet (vgl. etwa 1Kor 7,20ff.; 1Petr 2,18ff.). »Reiche und Arme«, der Herr hat sie alle gemacht (Spr 22,2). Hinzu treten die Ungleichheiten an Geburt und hinsichtlich einer ihnen von vornherein mitgegebenen Bestimmung: Jakob und Esau (Röm 9,13), vielleicht auch Kain und Abel (Gen 4,2). Und es ist die Frage: »Warum machst du mich also?« (Röm 9,20ff.), mit der mancher, der eines Gebrechens in seiner Natur gewahr wird, mit Gott hadert.

Aber was sagt die Bibel zum Übel dieser Ungleichheiten? Einerseits ist die Ungleichheit als Vielzahl zu begreifen. Die Klage »Warum machst

6 Daß gesellschaftliche Nöte und Übel Folgen von Sünde sind, setzt noch Luther ganz selbstverständlich voraus. So im Großen Katechismus zum zweiten Gebot: »Darum haben wir auch zu Lohn, was wir suchen und verdienen, Pestilenz, Krieg, Teurung, Feuer, Wasser, ungeraten Weib, Kinder, Gesinde und allerlei Unrat. Wo sollte sonst des Jammers so viel herkommen? Es ist noch große Gnade, daß uns die Erde trägt und nähret.«

du mich also?« darf nicht dahin führen, sein Geschöpfsein abzuweisen, nicht der sein zu wollen, als den man sich geschaffen vorfindet. Jeder hat etwas, worin er seine ganz individuelle Bestimmung erkennen kann. Auch das gehört zur Schöpfungstheologie: sich selbst zu bejahen, wie man ist, in Gebrechen, Fehlern und Mängeln mehr und anderes zu sehen als Zufälle oder Mißlingen beim Werden der Geburt. Das Los, das man gezogen hat, stellt vor eine Aufgabe, die man zu ergreifen und zu bejahen hat. Und auch wenn man nicht in die Welt hineinzupassen scheint, muß man sich das Urteil der anderen, der großen Menge, nicht zu eigen machen – im Wissen, nicht von ihr, sondern von Gott geschaffen zu sein. Das ist das Trostvolle an der Schöpfungslehre. Hier wird sie zum Evangelium, gibt sie ein Individualitätsbewußtsein, ein Verhältnis zu sich selbst. Gewiß soll jeder an sich arbeiten und mit seinen Pfunden wuchern – aber mit denen, *die er hat.*

Andererseits bedeutet das biblische Wort zur Ungleichheit der Menschen aber auch ein Relativieren der Ränge. Nicht erst im Tode werden alle gleich (Hiob 3,19). Schon im Leben, jedenfalls in der Gemeinde, sind alle als gleich zu nehmen (Gal 3,28; 1Kor 12). Und es gilt – im Neuen Testament – die Weisung 1Kor 12,26: »So *ein* Glied leidet, so leiden alle Glieder mit; und so *ein* Glied geehrt wird, freuen sich alle Glieder mit.« So ist das Christliche am »Übel« der Ungleichheit der Menschen, diese Ungleichheit auszugleichen, zu relativieren, zu begrenzen – oder auch zu kompensieren: »Die Letzten werden die Ersten sein.« Die Parteilichkeit Gottes für alles Erniedrigte ist geltend zu machen.

In der Erwählungslehre liegt freilich ein Zug dahin, die Ungleichheiten der Menschen zu rechtfertigen und theologisch zu verklären. Den Menschen nachträglich selbst die Schuld an ihrem Nichterwähltsein zu geben, ist aber nicht der Sinn des Erwählungsglaubens, der vielmehr in der Richtung gesehen werden muß, daß Erwählung so viel bedeutet wie: zu besonderen Aufgaben und besonderem Dienst *an den anderen* berufen zu sein (Mt 20,26: »So jemand will unter euch gewaltig sein, der sei euer Diener«).

Drittens gilt der Satz: Es besteht in jedem Leben ein Rhythmus von Übeln und Gütern, Spr 14,13: »Nach dem (oder beim) Lachen kommt Trauern, und nach der Freude kommt Leid.« Pred 3,1: »Ein jegliches hat seine Zeit.« Pred 7,14: »An guten Tagen sei guter Dinge, und den bösen Tag nimm auch für gut; denn diesen schafft Gott wie jenen, damit der Mensch nicht wisse, was künftig ist.«

Die Frage wäre (und sie weist eine Aufgabe): Kann man das Glück magazinieren? Kann man sich das Glück heute in seinem Inneren bewahren für ein ungewisses Morgen? Kann man es gesinnungprägend werden und zu einem bleibenden Schatz werden lassen, so wie den Reichtum der sieben fetten Jahre für sieben magere Jahre (Gen 41,29ff.). Es wäre dies das Ernstmachen mit der Mahnung: »Vergiß nicht, was er dir Gutes getan hat!« (Ps 103,2.) Was hieße die Mahnung, für Glück dankbar zu sein, anderes, als das äußere Wohl, das freilich an das Hier und Jetzt glücklicher Tage gebunden ist, zu einem inneren Reichtum der ganzen Person, der etwas Bleibendes ist, werden zu lassen!

Aber Glück und Unglück können auch *ineinander* liegen. Spr 14,13: »Auch *beim* Lachen kann das Herz trauern.« Hier tut sich ein Gegensatz zwischen buddhistischer und christlicher Weisheit auf. Der Buddhist wird dazu ermahnt, in allem Glück um *verborgenes* Leid zu wissen. Christlich wäre das Umgekehrte: in allem Unglück doch Gutes zu sehen, jedenfalls sich nicht alles Glück von der Sorge umstellen zu lassen, daß es uns entgleiten könnte, und das Wissen zu kultivieren, daß es unser tiefstes Verlangen doch nicht befriedigt. Richtig ist sicher die buddhistische Mahnung: Etwas gibt *uns* Freude, bringt aber *anderen* Leiden. Das hätte gewiß in Siegesfeiern und Dankfesten (wie früher nach gewonnenen Kriegen) ein Moment der Mäßigung und Besinnlichkeit hineinbringen können. Etwas anderes ist die stoische Reserve gegenüber jedem Affekt der Freude, die es verbietet, sich einmal ungeteilt und ganz dem Frohsinn hinzugeben.

Viertens: Viele Übel hängen an Überempfindlichkeit und sind rein subjektiv. Pred 1,18: »Wo viel Weisheit ist, da ist viel Grämens«; Spr 27,7: »Der Satte zertritt Honigseim, dem Hungrigen schmeckt alles Bittere süß«; Spr 13,7: »Mancher ist arm bei großem Gut«.

Es gibt auch das ganz subjektive reine *Empfindsamkeitsübel*, das seine Wurzel in übergroßer Sensibilität hat. In der Geschichte der Theodizee-Bemühungen hat man dieses freilich oftmals so weit ausgedehnt, daß man im Grunde jedes Übel für reine Optik des überempfindlichen Menschen erklärt hat. Auch Schleiermacher nähert sich dem Gedanken, daß erst durch die Sünde dem Menschen die Welt voller Übel erscheint (§ 75, 1 und 3). So wäre jene Unzufriedenheit, die überall Übel empfindet, die eigentliche Sünde des Menschen und die Wurzel des Problems. Einiges in der alttestamentlichen Weisheitsliteratur spricht durchaus für diese Sicht. Andererseits kennt die Bibel durchaus das objektive Übel (so auch Schleiermacher, wenn er es als »gehemmte Lebenszustände« definiert, § 75, 2). Im Neuen Testament ist es das »Seufzen« und Sichängsten der Kreatur (Röm 8,22), was ein Leid nicht nur der Menschen meint und damit die Objektivität des Übels bestätigt. Es gibt freilich Übel, die spezifisch menschlich sind und angesichts derer man durchaus die Frage stellen kann, ob das Übel nicht darin besteht, derartige Dinge wie bspw. die Beeinträchtigung der Ehre für ein echtes Übel zu halten.

Aber das Alte Testament lehrt, wie sehr es gerade ideelle Dinge sein können, die jedenfalls Wurzel und Anlaß zum Übel werden können, wie Neid und Eifersucht Anlaß zum Brudermord des Kain und Abel wurden (Gen 4,5) und Prestigebedürfnis als Motiv zum Turmbau zu Babel genannt wird (Gen 11,4) – wie auch für Lamechs schrankenlose Vergeltungswut (Gen 4,23f.).

Überhaupt wird man sagen müssen, daß auf die Frage nach dem Ursprung des Bösen (unde malum?) das Alte Testament die Antwort gibt: Die Wurzel des Bösen liegt in gewissermaßen ideellen Faktoren, in rein menschlichen Gesinnungen: Ruhmsucht, Ehre, Hybris, im Stolz, sich einen Namen zu machen, im Neid, im Mißtrauen, in der »Abständigkeit« (Heidegger), d. h. in dem Bestreben, mehr als andere sein zu wollen.[7]

Auch Augustins großes Geschichtswerk De civitate dei zeigt am Römischen Reich, wie es ideelle Ursachen gewesen sind – Stolz, superbia, Ruhmsucht –, die zum Untergang dieses Reiches geführt haben.

Fünftens noch dies: Das Übel ist durch Fleiß und Arbeit zu bannen. Das ist eine durchgehende Linie in der ganzen alttestamentlichen Weisheitsliteratur. Spr 6,6–11: »Gehe hin zur Ameise, du Fauler...«; Spr 12,11: »Wer seinen Acker bauet, wird Brots die Fülle haben...«; Spr 20,4: »Um der Kälte willen will der Faule nicht pflügen, so muß er in der Ernte betteln und wird nichts kriegen«; Spr 20,13: »Liebe den Schlaf nicht, daß du nicht arm werdest«; Pred 10,18: »Durch Faulheit sinken die Balken«.

2. Hiob

Mit dem Hiob-Buch ist das Theodizeeproblem in der Bibel gestellt. Das Vergeltungsdogma, das sich seit Ez 18 nicht mehr auf die Gemeinschaft als ganze, sondern auf das einzelne Individuum bezieht, erscheint ad absurdum geführt. Seine Voraussetzung, die Gerechtigkeit Gottes, ist erschüttert. Wie ist Gott trotzdem zu rechtfertigen? – Es gibt auf diese Frage eine recht einfache Antwort, die immer wieder einmal den Knoten der Problematik durchzuhauen scheint: Es ist der Hinweis auf den Prolog. Allein dies, daß Hiob nichts davon weiß, daß er zum Objekt (oder soll man sagen: Opfer) einer Moralprobe geworden ist, stürzt

[7] Auch Bonhoeffer sieht als »Wurzel alles Übels« ideelle Dinge an: die »Laster der Hybris, der Anbetung der Kraft und des Neides und des Illusionismus«. Und er stellt dem entgegen: Die Kirche »wird von Maß, Echtheit, Vertrauen, Treue, Stetigkeit, Geduld, Zucht, Demut, Genügsamkeit, Bescheidenheit sprechen müssen« (D. Bonhoeffer, Widerstand und Ergebung, Berlin ^{3}1972, 416).

ihn in jene Ratlosigkeit, die sich auf den Leser und den theologischen Exegeten überträgt. Nehme man den Prolog, die Wette Gottes mit dem Satan, zum Ausgangspunkt, so löse sich das Rätsel und erhalte alles Geschehen seinen Sinn (so etwa wieder Morris Stockhammer, Das Buch Hiob. Versuch einer Theodizee, Wien 1963, 8ff., vgl. 248ff.). Aber das wandelt nur den Vorwurf, daß Gott »unrechtmäßig« straft, zu dem, daß er, aus was für Gründen auch, einen Menschen leiden läßt. Daß Gott eine derartig grausame Moralprobe überhaupt veranstalten kann, ist Vorwurf genug, um das Problem einer Rechtfertigung Gottes aufzuwerfen. Es entlastet beinahe Gott, wenn das Geschehen des Hiob-Buches aus dem Gesichtswinkel des Lesers, d. h. unter Absehen vom Prolog, verhandelt wird und zum Beispiel eines Vorfalls genommen wird, der sich beliebig ereignen kann. Daß sich derartiges im Prinzip tatsächlich immer wieder ereignet, ist auch der Grund für das immense Echo, das die hier geschilderten Dinge immer wieder gefunden haben. Man braucht den Prolog nicht, um am Geschilderten die Wirklichkeit wiederzuerkennen.

Es kann im folgenden nicht darum gehen, eine »Lösung« des Hiob-Problems zu geben. Aber dieses Buch kann doch dies leisten, eine Anzahl von Grundsätzen darzubieten, das Wesen menschlicher Not und menschlichen Leides zu beschreiben und auf die Frage zu führen, wie sich der Christ im Leid zu verhalten habe und wie überhaupt dem Leid gesteuert werden kann. Man kann dies als das Theodizeeproblem im weiteren Sinne bezeichnen. Hierzu im folgenden zwölf Sätze.

Erstens: Daß das Leiden Hiobs nicht das *heroische* Leiden im Dienste einer Sache oder Aufgabe ist (wie das Leiden mancher Propheten), macht seinen Fall anwendbar und typisch für jeden. Daß Hiob nicht als Held, sondern als Opfer vor dem Leser steht, ermöglicht, daß sich jeder hier einsetzen und in ihm wiedererkennen kann. (Der Verlust von Reichtum ist relativ und wird im kleineren Maßstab nicht weniger total empfunden.)

Zweitens: Zum Bewältigen von Not und Leid gehört Gemeinschaft, gehört das Verstehen und die Solidarität von Freunden.

Drittens: Was die Not Hiobs so maßlos verschärft, ist der Umstand, daß er *allein* ins Unglück gestürzt ist, statt wie bei der Deportation ins Exil in der Solidarität einer Gemeinschaft ein hartes Schicksal durchstehen zu müssen. Seine »Freunde« verkörpern den Kontrast einer intakt und so vernünftig, wie es der traditionelle Vergeltungsglaube nahelegen könnte, weitergehenden Welt und Umwelt. Das isoliert Hiob mehr, als ihr Dabeisitzen Kontakt schaffen kann.

Viertens: Hiobs eigentliche Not ist die innere der Entehrung, die in dem Rückschluß seiner pharisäerhaften Freunde vom Leid auf Strafe und von der Strafe auf Schuld liegt. Er wird an seinem Glauben irre. So ist sein Hauptbegehren die Rehabilitation seiner Ehre (19,9ff. und 25). – Aber dies bringt Hiob zu der Überzeugung, daß »Gott ... ganz anders« ist (Friedrich Baumgärtel, Der Hiobdialog, Stuttgart 1933, 171).

Fünftens: Das Aufbegehren und die Klage Hiobs haben – als Ausdruck der Ehrlichkeit und als echter Dialog mit Gott – auch *nach* dem Neuen Testament noch ihr Recht (H. K. Miskotte, Wenn die Götter schweigen, München 1963, 250). Auch das Leid noch genießen zu wollen, den Schmerz in Lust umzumünzen, in jeder Lage glücklich sein zu wollen ist Ausdruck eines dem Christentum fremden Geistes, ist stoisch oder hinduistisch, aber nicht christlich. Wenn Hegel die alttestamentliche Klage »welthistorisch« genannt und die »davidischen Psalmen« über die stoische Resignation gestellt hat, so gilt das ganz grundsätzlich: »Das Elend ist also hier nicht Stumpfheit in einem blinden Fatum, sondern unendliche Energie der Sehnsucht. Der Stoizismus lehrte nur: das Negative ist nicht, und es gibt keinen Schmerz; aber die jüdische Empfindung beharrt vielmehr in der Realität und verlangt darin die Versöhnung« (Vorlesungen über die Philosophie der Geschichte. Sämtliche Werke, Glockner, Bd. 11, Stuttgart [2]1939, 412 und 414).

Sechstens: Wenn auch das Hiob-Buch das klassische Theodizee-Argument aufgreift – den Blick auf das Ganze (Hiob 38) –, so soll dies keine »theoretische« Problemlösung sein, sondern mehr ein seelsorgerliches Abwenden von der Monomanie nur *seines* Falles; und es geht über in das Hinwenden des Blickes auf *anderes* Einzelleben wie auf das der Tierwelt (Hiob 39). Keine menschliche Sorge und Not darf sich so absolut setzen, daß sie nicht ausruhen dürfte im sich hingebenden Schauen auf anderes und fremdes Leben. Der Blick auf das Ganze wird im christlichen Denken zum Blick *auf andere*, insofern zu einem Mittel zum Loskommen von sich selbst und von der Sorge des Kreisens nur um die eigenen Probleme.

Siebentens: Obwohl Hiob sich vor Gott schuldig spricht (Hiob 42,6), werden doch nicht seine Freunde gerechtfertigt, sondern es heißt von *ihm*: *Er* habe recht geredet von Gott (Hiob 42,7.8). Damit ist kaum sein Schuldbekenntnis gemeint als vielmehr die offene und ehrliche Art, in der Hiob vor Gott trat.

»Hiob spricht, wie er denkt und wie ihm zu Mute ist, auch wohl jedem Menschen in seiner Lage zu Mute sein würde; seine Freunde sprechen dagegen, wie wenn sie insgeheim von dem Mächtigern, über dessen Sache sie Recht sprechen, und bei dem sich durch ihr Urteil in Gunst zu setzen ihnen mehr am Herzen liegt als an der Wahrheit, behorcht würden. Diese ihre Tücke, Dinge zum Schein zu behaupten, von denen sie doch gestehen mußten, daß sie sie nicht einsahen, und eine Überzeugung zu heucheln, die sie in der Tat nicht hatten, sticht gegen Hiobs gerade Freimütigkeit, die sich so weit von falscher Schmeichelei entfernt, daß sie fast an Vermessenheit grenzt, sehr zum Vorteil des Letztern ab« (Kant in: Über das Mißlingen aller philosophischen Versuche in der Theodizee, Werke, Cassirer, Bd. VI, Berlin 1923, 132).

Damit ist eine Grundeinstellung gerechtfertigt, die auch einen gewissen Stolz des Geschöpfes einschließt, dazu die natürliche Reaktion der Gefühle und eine gewisse Selbstachtung, die es ablehnt, sich wider besseres Wissen ein Schuldbekenntnis abzwingen zu lassen.

Achtens: Der Epilog, die Wende des Geschickes Hiobs zum Guten, grenzt noch einmal alttestamentliche Theologie vom Denken der Tragik ab. Sosehr das Hiob-Buch eine Theologie der »Grenzsituationen« (Jaspers) begründen kann, derzufolge das Durchleben extremer Leiderfahrungen zum Wesen wahren Menschseins gehört, wird das Glück des Menschen doch als das Oberste gesehen.

Das Vergeltungsdogma bleibt insofern im Recht, als auch die Art des Menschen, mit einem offenkundigen Durchbrochenwerden dieses Dogmas fertig zu werden, vergolten wird. Aber es ist im Grunde das Durchhalten des Glaubens an Gott im Prinzip, der noch über dem Glauben an den Tun-Ergehen-Zusammenhang steht, was seinen Lohn erhält.

Neuntens: Das Hiob-Buch sprengt insofern das Vergeltungsdogma, als es die Überzeugung begründet hat, daß der Wert eines Menschen vom äußeren Geschick und Stand unabhängig ist. Es verwehrt jeden Rückschluß von Erfolg und Gelingen menschlichen Strebens auf das Stehen in Gnade und Segen (wie noch in Ansätzen in der klassischen anglikanischen bzw. puritanischen Theologie und Frömmigkeit). Ein neues Persönlichkeitsideal wird begründet: an die Stelle des »Gerechten« und sichtbar Gesegneten tritt der Standhafte im Leiden; hinzu kommt ein weiteres Abrücken vom Typ des Pharisäers, indem auch der Zweifler und Kritiker zu Ehren kommt, ja der »Haderer« (40,2) nicht ausgeschlossen wird. Und es entsteht ein neues Bild vom so offenkundig »bösen Menschen«. Statt des in seiner Person und Substanz bösen Menschen ist es der vom Bösen geknechtete, vom Teufel »gerittene« Mensch, dem nicht Verachtung und Ausschluß, sondern Liebe, Hilfe und Solidarität gelten muß.

Zehntens: Das Auftreten des Teufels bedeutet, daß nicht alles Wirkliche als gut und vernünftig (und in diesem Sinne als von Gott) angesehen werden darf, sondern das Wissen um eine Gegenmacht bleiben muß, die den Menschen von seiner Bestimmung für Gott abbringen will. Der Mensch steht im Schnittfeld gegnerischer Kräfte, die um ihn ringen, in alten Vorstellungen gesagt: guter und böser Geister (als Engel und Dämonen angesehen). Menschliche Existenz ist ein Kampf, so daß ein in gewisser Weise dualistisches Denken von menschlicher Existenz hinter allen im Hiob-Buch geschilderten Geschehnissen aufleuchtet.

In der Wette zwischen Gott und dem Satan im Prolog treffen die Prinzipien der *Misanthropie* (die nichts Gutes am Menschen gelten lassen will) und der *Philanthropie* (die dem Menschen einen Vorschuß an Vertrauen gibt) aufeinander.

Elftens: Ergebnis der Hiob-Frage kann nicht sein, an die Stelle des alten Dogmas, des Vergeltungsdogmas, ein neues Dogma zu setzen: in Gestalt des Problemabweises, der das Nichtwissen des Menschen heiligt. Vielmehr muß die Sinnfrage zum Austrag kommen. Und am Vergeltungsdogma bleibt doch dies modellhaft richtig: daß die Frage wachgehalten wird, ob man etwas »falsch gemacht« hat. Daß einfach nur Glück im Übermaß eine Herausforderung der Götter darstellt, was »griechische« Freunde Hiobs dessen enthoben hätte, nach einer *besonderen* Verfehlung Hiobs zu forschen, ist nie biblisches Denken gewesen, das niemals Glück und Erfolg als solche verdächtigt und unter ein Maßhaltegebot gestellt hat. Es hat nach *besonderen* Ursachen für Katastrophen zu fragen gelehrt und das Bewußtsein eingegeben, daß *der Mensch* in diesem Fall etwas »falsch gemacht« hat. Darunter sind heute nicht notwendig moralische Verfehlungen im engeren Sinne als individuelle »Sünden« zu verstehen. Aber daß *die* menschliche Gesellschaft Katastrophen nicht als Geschick und Zufall hinnehmen darf, sondern im umfassendsten Sinne hiergegen Vorkehrungen treffen muß, liegt ganz auf der Linie des im Hiob-Buch so drängenden, bohrenden und nachhaltigen Diskutierens, inwiefern der Mensch für die Katastrophen einen Anlaß gegeben hat.

Zwölftens: Eine »Lösung« des Hiob-Problems im Sinne der klassischen Theodizeefrage ist nur in folgenden Richtungen hin möglich. Einmal, wenn man den Individualismus hinter sich läßt, die Frage nach dem Leiden des Gerechten nur auf diesen ganz bestimmten Einzelmenschen hin zu stellen und nach »Wiedergutmachung« *an ihm* zu fragen. Das Neue Testament erst hat die Kategorie gebracht, die eine Lösung geben kann: im Gedanken des Opfers *für andere*, im Gedanken des stellver*tretenden* Leidens. So ist es das Modell des Opfers Christi, im Blick auf welches dem Leiden Hiobs Sinn zugesprochen werden kann. Aber zu dieser »christologischen« Deutung muß sofort eine andere hinzutreten, die in dem Satze beschlossen liegt: »Des Menschen Sohn ist gekommen zu suchen und selig zu machen, was verloren ist« (Lk 19,10). Das schließt die Forderung an die Christusgemeinde ein, daß sie ganz gezielt den Härtefällen des Schicksals nachgeht und nicht nur abstrakte und großangelegte Vorkehrungen gegen Not und Leid trifft! Nie werden derartige jedes Unglück im Einzelfall ausschließen. Die Gründung einer

»Truppe«, die gezielt allen Leiden im Einzelfall nachgeht – das ist die eigentliche Konsequenz, die vom Hiob-Buch auszugehen hat.

So heißt »christologische« Deutung des Hiob-Problems ein mehrfaches: *einmal* das Zeugnis des Sohnes für den Vater, daß seine Schöpfung gut ist (Mt 6,25ff.), im Widerstehen dessen, einen Einzelfall zu verallgemeinern und zum Beleg für eine pessimistische Weltsicht werden zu lassen. *Sodann* das Errichten eines Menschenbildes, das die Kategorie des »Daseins für andere« kennt und damit auch jedes Leiden zu einem Opfer für andere machen kann, so wie jeder seinerseits aus dem Leiden und Opfer Christi Kräfte zum Leben entgegen den »Mächten des Todes« gewinnt. *Wiederum* heißt Aufgenommensein jedes Leides in Jesus Christus, daß seine Gemeinde in seinem Namen sich ganz besonders zu allen Geringen und Verlorenen geschickt weiß. Und *schließlich* geht neutestamentliches Denken davon aus, daß an die Stelle des Satans als Ankläger des Menschen vor Gott (Hiob 1,9ff.) Jesus Christus getreten ist, der als Fürsprecher für den Menschen sein Werk der intercessio, der Gebetsvertretung vor Gott, tut.

3. Das Neue Testament zum Übel

Eine ausgesprochene Theodizeedebatte ist dem Neuen Testament und dessen innigem Glauben an die Vatergüte Gottes fremd. Doch schließt das nicht aus, sondern fordert es, daß das Thema Leid, Not, Übel auch im Neuen Testament eine hervorragende Bedeutung hat. – Hierzu fünf Sätze:

Erstens: In den Krankenheilungen und Totenauferweckungen Jesu liegt ein Signal, das elementarste Übel menschlicher Existenz nicht mehr gelten zu lassen und sich nicht mehr mit ihm als normal (oder Strafe für individuelle Sünden) abzufinden. Die Krankenheilungen Jesu sind darüber hinaus Vorwegnahmen und Verheißungen des Reiches Gottes als der »Normalisierung« (K. Barth, KD IV/2, 250, vgl. 238f.) der Schöpfung (vgl. Mt 11,5).

Was die Eigentlichkeit menschlichen Daseins, die zu bringen Jesus sich bewußt war, ausmachen soll, zeigen die Worte Jesu auf die Anfrage des Täufers: »Die Blinden sehen und die Lahmen gehen, die Aussätzigen werden rein und die Tauben hören, die Toten stehen auf und den Armen wird das Evangelium gepredigt« (Mt 11,5). Man beachte hierbei die soziale Tendenz. Es geht nicht um ein abstraktes Wunder »Totenauferstehung«, sondern um das Nein Jesu zum Frühtod wie beim Jüngling zu Nain, dem einzigen Sohn einer Witwe (Lk 7,12). Jesu Heilungen stehen damit auch im Zeichen dessen, daß er sich für die Geringen und Armen, die Verlorenen und Ausgestoßenen (wie Aussätzige und Blinde) engagierte. Sie gehen die Not »von unten«, beim Kleinen an – ohne damit der großen Maßnahme und großstiligen Hilfe »von oben«, wenn es denn einmal dazu kommen sollte, zu widersprechen.

Daß ihm Krankheit und Schuld zusammenzugehören schienen, war das Vorverständnis der Zeit, auf das Jesus eingeht, das er aber nicht anerkannte, indem er die Strafe – und mit ihr auch die Sünde (ohne nach ihr konkret zu fragen) – einfach durchstrich. Doch daß Jesus beides, Krankheit und Schuld, trotzdem nicht voneinander trennt, liegt daran, daß er den Menschen in der Einheit von Leib und Seele sah und die seelischen Kräfte, den seelischen Gesundungswillen, als entscheidend ansah. Der Glaube an die Vergebung von Schuld (und irgendwie ist mit jeder Existenz und auch jeder Krankheit Schuld verbunden) war der Glaube an die Lebenskräfte zur Gesundung.

Der geglaubte Zusammenhang von Krankheit und Schuld bedeutet auch, daß Jesus der Krankenheilung dieselbe Priorität vor der Beseitigung anderer Übel gab wie dem Ansprechen der Menschen auf ihre Sünde. Es scheint, als ob Jesus die elementaren und körperlichen Übel, besonders Krankheit und vorzeitigen Tod, aber auch den Hunger (Ausdruck hierfür die großen Speisungen in der Wüste), wichtiger genommen hat als viele der sublimeren Übel, wie sie der sensibler gewordene Mensch heutiger Zeit empfindet. Freilich bedarf diese Feststellung einer Einschränkung:

Zweitens: Jesu Worte in der Bergpredigt *wider die Sorge* zeugen von einem Ernstnehmen des seelischen Kummers, in dem sich viele Menschen befinden. Das heißt auch, daß viele Übel erst durch Hysterie und Kleinglauben entstehen, wie auch der Mammonsdienst (Mt 6,24) und der Geiz (Lk 12,15) in einem Bestreben des Menschen wurzeln, das als solches schon als ein ihn knechtendes Übel anzusehen ist. Auch was Paulus als »Freiheit« will, ist zum Teil die Befreiung von einem *inneren Gesetz*, das als das Gesetz des Sichsichernwollens den Charakter eines (psychologischen) Übels einnimmt. »Ich wollte aber, daß ihr ohne Sorge wäret« (1Kor 7,32). Daß das Maß an Sorge vom Maß objektiver Gefährdung ganz unabhängig sein kann, daß die Sorge sich auf sich selbst stellen und in sich selbst kreisen kann, zeigt, daß das Übel nicht nur die Bedrohung von außen ist, sondern auch eine Dämonie des »inneren Menschen«, der daran zweifelt, ob er den Anforderungen, die die Außenwelt stellt, gewachsen sein wird – und der dies im Sicherungsstreben kompensiert.

Drittens: Wenn Jesus Leidtragende und Entbehrende selig preist (Mt 5,4ff. und Lk 6,20ff.), wenn er in eine Nachfolge ruft, die mit Opfer und Verzicht verbunden ist (Mt 10,38), und wenn Paulus daran erinnert,

»daß dieser Zeit Leiden der Herrlichkeit nicht wert sei, die an uns soll offenbart werden« (Röm 8,18), dann ist damit eine Art Übel angesprochen, das zwar äußerlich als Übel, Leid und Not erfahren wird, das in Wahrheit aber den Keim einer Sinnhaftigkeit als Einsatz und Opfer, als Erniedrigung, der eine Verheißung gilt, in sich trägt. In der Theologie des Paulus spielt der Gedanke, daß die Niedrigkeit und Schwachheit menschlicher Existenz gleichsam von innen aufgehellt und mit dem Geiste Gottes erfüllt werden kann, eine große Rolle. Er kennt ein Ineinander von Niedrigkeit und Hoheit. 2Kor 6,9f.: »Als die Sterbenden, und siehe, wir leben; als die Gezüchtigten, und doch nicht ertötet. Als die Traurigen, aber allezeit fröhlich; als die Armen, aber die doch viele reich machen; als die nichts innehaben und doch alles haben.« Das ist nicht die christliche Version hinduistisch-buddhistischer Verzichtspredigt oder stoischen Sichschickens in die Gegebenheiten, sondern Hinweis auf das Geheimnis, daß die Negativität zum Kraftquell des Lebens werden kann. Es ist das Wissen um die Gotteskraft in schwachen Gefäßen und um den Satz: »Wenn ich schwach bin, so bin ich stark« (2Kor 12,10). Hiermit hängt zusammen, daß das Christentum auch der Krankheit, wie dem Leid überhaupt, seelische Kräfte und ein Emporwachsen zu besonderen Kräften des von ihr Betroffenen zugesprochen und ihr tatsächlich entnommen hat. Damit hat das Christentum die Kategorie der schöpferischen Negation, der Wendekraft der Negation, des Schmerzes, des Leides in die Geschichte eingeführt (Hegel). So weist das Symbol des *Kreuzes* auf eine letzte Sinnhaftigkeit allen Leidens – sosehr das Symbol der *Auferstehung* und des »neuen Jerusalems« auf eine Überwindung des Leidens führt.

Viertens: Die meisten und schlimmsten Übel fügt der Mensch dem Menschen, nicht die Natur diesem zu. Das zeigt der Kindermord des Herodes (Mt 2,16), die Enthauptung des Täufers (Mt 14,1–12) und ganz besonders die Kreuzigung Jesu. Wenn man, wie Schleiermacher, Naturübel und gesellschaftliche (»gesellige«) Übel unterscheidet (Der christliche Glaube, § 75, 2) und wenn auch in der Perikope Lk 13,1–5 eine politische Katastrophe und eine Naturkatastrophe bzw. technische Katastrophe (der Einsturz eines Turmes) nebeneinander stehen, so kann man doch bemerken, daß Jesus die reine Naturkatastrophe offensichtlich nicht gelten ließ. An beide Vorkommnisse knüpft er gleichermaßen einen Aufruf zur Buße. Auch Paulus sieht nicht den Menschen durch wilde Tiere bedroht (wie noch das Alte Testament, bspw. Lev 26,6), sondern umgekehrt das »Seufzen« aller Kreatur im Gesamtzusammenhang menschlicher Unerlöstheit (Röm 8,19ff.). Jesu Wort »Erlöse uns von dem Bösen« (dem Übel, Mt 6,13) spricht es aus, daß er in menschlicher Schuld die Wurzel des Bösen sah, aber an dessen Überwindung im Reich Gottes, d. h. wenn die Kraft Gottes im Heiligen Geist menschliches Vermögen beseelt, glaubte.

Fünftens: Die Schreckensvisionen der Apokalypse geben das Gegenbild zum Reiche Gottes: Zerrüttung des menschlichen Lebensraumes als Folge menschlichen Versagens. Sie sind freilich Visionen des Menschen, vielleicht das schlechte Gewissen der Menschheit; sie besagen, daß, rein menschlich gesehen, die Zukunftsperspektive der Menschheit im dunkeln liegt, nur Terror- und Horrorutopie bedeutet – oder daß der Fortbestand der Menschheit Wunder und Gnade ist.

Die in der Apokalypse beschworenen Katastrophen stehen im Zusammenhang »Strafübel«, lassen heute aber an *durch Menschenhand* ausgelöste Naturkräfte größten Ausmaßes denken. Sie erinnern an die Zerrüttung menschlichen Lebensraumes durch menschliche Technik wie durch Einsatz global vernichtender Superwaffen. Sie können aber auch, wie als Trost, die Vorstellung vermitteln: Die Bibel *weiß* um die Bedrohung der Menschheit und malt nicht nur eine »heile Welt« aus. Sie *weiß* um Katastrophen: um Hunger, Pest und Krieg, Erdbeben und Sonnenverfinsterung, Glutbrand und Zu-Blut-Werden des Meeres, Finsternis und Verlöschen der Sterne oder auch »nur« um die »apokalyptischen Reiter« (Apk 6) als Symbole für Hunger, Krieg, Krankheit und Tod auf der Erde.

Wenn aber die Naturkatastrophen als Ausdruck eines Gotteszornes erscheinen, dann sind sie nicht als naturimmanente Kräfte gesehen, die wie Erdbeben im Wesen der Naturbeschaffenheit liegen, sondern als Rückschläge auf Fehlverhalten des Menschen. So schließt das letzte Buch der Bibel an das Sintflutdenken des ersten Buches der Bibel an.

Trotzdem ist mit dem Begriff der Offenbarung des Johannes fast mehr das Denken an das »tausendjährige Reich« und das »neue Jerusalem« verbunden. Das besagt, daß das letzte Wort doch nicht die Katastrophe der Menschheit, sondern ihre Errettung ist – eine Errettung, die freilich nicht als Ziel eines geradlinigen und kontinuierlichen Aufwärtsweges erscheint, sondern als Sprung und Errettung aus größter Gefahr.

III. Luthers Schrift »Vierzehn Trostmittel für Mühselige und Beladene« (»Tessaradecas«)

In seiner Schrift De servo arbitrio hat Luther die Theodizeefrage als eine unlösbare Frage (quaestio insolubilis, WA 18, 785) bezeichnet – und den gordischen Knoten durch den Hinweis auf ein »Leben nach diesem Leben« (esse vitam post hanc vitam, ebd.) durchschlagen, in dem alles seine Strafe und seinen Lohn findet.

Nichtsdestoweniger hat sich Luther sehr ausführlich mit dem Thema *Leid, Not und Übel* in seelsorgerlicher Hinsicht auseinandergesetzt – und dies sogar in einer umfassenden Systematik, die die ganze Breite des Phänomens Übel in den Blick zu bekommen sich bemüht. Dabei wird das Phänomen des Übels sogleich dadurch begrenzt, daß er ihm sofort eine Parallele über die Güter gegenüberstellt. In seiner frühen Schrift »Vierzehn Trostmittel für Mühselige und Beladene« (1520, neu hg. von Luther 1535/36) stellt Luther sieben Übeln sieben Güter gegenüber, wobei die Zahl 14 an die 14 Nothelfer der mittelalterlichen Frömmigkeit erinnern soll. An die Stelle von 14 Nothelfern treten nun bei Luther 14 Gedanken und Argumente, wie man dem Übel im Glauben begegnen soll.

Im Anschreiben an den Kurfürsten Friedrich den Weisen, für den er, als dieser im Sommer 1519 schwer erkrankt war, diese Schrift verfaßte, erklärte Luther: Ich habe »diese vierzehn Kapitel zusammengestellt, gleichsam als die Abteilungen einer Gedenktafel, und ihnen den Namen ›die Vierzehn‹ gegeben, daß sie die Stelle der vierzehn Heiligen verträten, welche unser Aberglaube zu Helfern wider alle Nöte gemacht und ›die vierzehn Nothelfer‹ genannt hat. Es ist aber diese Tafel nicht von Silber, sondern geistlicher Art; nicht die Kirchenwände soll sie zieren, sondern ein frommes Herz aufrichten und stärken« (Luthers Werke, hg. v. Buchwald, Kawerau, Köstlin, Rade, Schneider u. a., Volksausgabe in 8 Bänden, Berlin ^{2}1898, Band 6, 8, nach der deutschen Übersetzung von Spalatin; vgl. die lateinische Fassung in WA 6, 99 bis 134).

Es seien die zweimal sieben »Bilder« kurz nachgezeichnet, wobei die Reihenfolge Luthers um der Parallelität willen verändert wurde.

Erstes Bild: Das Übel in uns

Die größten Übel sind die inneren Übel, die Hölle in uns. Aber wir sind gegen sie abgestumpft. Es ist die Gnade Gottes, daß er uns nicht alles empfinden läßt. – Woran Luther denkt, das sind: Sorgen, Gedanken (Leid), betrogene Wünsche, hohe Ansprüche (und dies meist bei Leuten höheren Standes), erschrockene Gewissen, die Sorge um den gnädigen Gott. Aber es ist »sehr wahr, daß wir kaum den tausendsten Teil unserer Übel empfinden, und daß wir überhaupt unsere Übel nicht nach ihrer wirklichen Größe, sondern nur nach unserer Einbildung und Gefühl abschätzen, empfinden oder nicht empfinden« – »weil sie durch die Gewohnheit ihre Kraft verloren und Dank der göttlichen Gnade unsere Empfindung und Beachtung derselben abgenutzt sind« (ebd., 13).

Das Gut in uns

Luther denkt auch an den Leib und die Gesundheit – »wenigstens gilt das von den meisten unter uns« (ebd., 33). Aber unabhängig hiervon ist es »ein freudiges, getrostes und fröhliches Herz und Mut« (ebd., 34). Die Güter des Geistes sind besser als die anderen Güter, Verstand, Wissen, Erkenntnis, Beredsamkeit, Klugheit. Aber wem es an einigen fehlt, der hat andere: Frieden und Ruhe und ein fröhliches Gemüt. Man sollte seiner Gaben aber auch achten. »Denn eben, wie ich bei dem ersten Bildnis der bösen Dinge gesagt habe, daß ein jeglicher Mensch so viel Übel habe, so viel er Meinung und Erkenntnis davon hat, also ist es auch mit den guten Dingen, den Gütern; obwohl sie uns allenthalben zufallen und uns umringen, so kommt es doch darauf an, wie hoch sie von uns geschätzt werden. Denn alle die Dinge, so Gott gemacht hat, sind sehr gut, wiewohl sie nicht von allen Menschen als solche erkannt werden« (ebd., 35).

Zweites Bild: Das zukünftige Übel oder das Übel vor uns

Das ist besonders die Furcht. Niemand ist sicher, ob ihm nicht etwas zustößt: Krankheit, Unfall. »Es wächst aber der Übel Macht und Empfindung, je höheren und angeseheneren Standes wir sind« (ebd., 14). »Und was von solchen möglichen Übeln uns nicht widerfährt, soll alles für einen Gewinn geschätzt werden und für einen großen Trost in dem Übel, das uns begegnet« (ebd.). Und wenn auch jemand von Übeln, wie Armut und Schande, verschont bleibt, geht er doch dem Tod entgegen, dem zu entgehen der Mensch jedes Leiden auf sich zu nehmen willig ist. Doch der Christ solle noch mehr als diesen etwas anderes fürchten: das Übel der Sünde und der Schuld.

Das zukünftige Gut oder das Gut vor uns

Das ist die *Hoffnung*, entgegen der Verzweiflung. Doch ist es eine allgemeine und *unzuverlässige* Hoffnung, einfach nur zu erwarten, »daß das Übel der Gegenwart enden und daß sein Gegenteil, das Gute, sich mehren werde« (ebd., 38). Sicher ist eine solche Hoffnung auch eine Gabe Gottes. Aber eigentlich christliche Hoffnung ist das Wissen, daß der Tod als solcher »etwas Gutes«, »Gewinn« und eine »Wohltat« (ebd., 39), »nichts Böses« (ebd., 41) ist, da er alle Übel und Widerwärtigkeiten dieses Lebens beendet.

Dieser weltentsagende Ton ist wohl vom Ur-Anlaß dieser Schrift, dem todkranken Kurfürsten Friedrich dem Weisen eine Trostschrift zukommen zu lassen, her zu verstehen.

Drittes Bild:
Das Übel der Vergangenheit oder das Übel hinter uns

Wer möchte sein Leben noch einmal leben?[8] Der Blick zurück ist ein Blick auf lauter Übel und Gefährlichkeiten, denen wir mit knapper Not entkommen sind. Aber Gott hat für uns gesorgt und uns ohne unser Zutun behütet. »Solches verstehen heißt Gottes Werke verstehen, seiner Werke gedenken und durch solches Gedenken getröstet werden in Widerwärtigkeiten« (ebd., 19). So sollen wir voll Dank für die Fürsorge Gottes zurückblicken.

Das vergangene Gut oder das Gut hinter uns

Man soll im Bewußtsein, daß einem Gottes Vorsehung und Fürsorge zuteil geworden ist, zurückblicken. Wieviel anders hätten *wir* es ausgerichtet, und wieviel besser ist es eingetreten! »O wenn ein Mensch auf diese Weise seinen Gott erkennte, wie sicher, wie ruhig und wie fröhlich würde er leben!« (ebd., 45)

[8] Luther zitiert Augustin: „Wenn dem Menschen die Wahl gegeben würde, entweder zu sterben oder sein vergangenes Leben noch einmal zu leben, so würde er den Tod erwählen, weil er so viel Gefährlichkeiten und Übel sähe, denen er nur so eben mit knapper Not entronnen ist« (ebd., 17; vgl. WA 6, 110).

Anders Leibniz (um zu zeigen, daß die Güter die Übel im Leben überwiegen): Es würden sich »nur wenig Personen finden, die nicht in der Todesstunde zufrieden wären, wenn sie das Leben noch einmal unter der Bedingung beginnen könnten, daß sie nochmals die nämliche Summe von Gütern und Übeln über sich ergehen lassen müßten« (Theodizee, B § 13).

Viertes Bild:
Das Übel von unten her oder unter uns

Luther meint hiermit den Tod – und die Hölle. Aber es ist nicht eigentlich der Tod an sich, der erschreckt, sondern manche furchtbare Art, in der er uns begegnet (wie bei damaliger Ausübung der Todesstrafe). Auch klingt hier noch mittelalterliche Höllenangst an. Aber die Tendenz Luthers ist: Wir hätten mehr verdient, als wir tatsächlich erleiden. Von den Sündern, die mit Übeln gestraft werden, sind wir gar nicht so verschieden. »Wir können nicht denken, daß uns geringere Übel gebühren, so wir doch größere oder gleiche Sünden begangen haben« (ebd., 20; Hinweis auf Lk 13,1ff., Blutbad unter Galiläern und Einsturz des Turmes zu Siloah).

Das Gut von unten her oder unter uns
Die Hölle kann auch zu einem Gut werden, wenn sie den Trost gibt, daß die Bösen ihre Strafe ereilt. Luther geht an dieser Stelle nicht auf die klassische Theodizeeklage (und die Klage vieler Psalmen) ein, daß es den Guten so schlecht geht und die Bösen straflos bleiben. Nein, er konstatiert die Gerechtigkeit Gottes, der die Bösen straft. Der Blick hierauf, auf »die Rache des Unrechts« (ebd., 49), kann Genugtuung bereiten, und dann wird die Hölle zu einem Gut – in Erinnerung an alttestamentliche Verse, wie Jes 65,13ff.; Ps 58,11; 1Sam 16,1. Nicht »mit dem Haufen der Gottlosen in törichter Barmherzigkeit Mitleid haben, sonst wird er erfunden werden als einer, der an ihrer Gottlosigkeit Freude hat und ihre Taten billigt« (ebd., 48).

Fünftes Bild:
Das linke Übel oder das Übel zu unserer Linken

Jeder hat Feinde, »und je höheren Standes und Ansehens jemand ist« (ebd., 22), um so mehr. Aber an wie vielen Übeln, die sie uns hätten zufügen können, sind sie durch göttliche Schickung gehindert worden. »Was wollen wir uns also wundern, wenn uns einmal *eine* solcher Anfechtungen trifft« (ebd.). Und wir sollen mit unseren Widersachern ein Mitleiden haben. »Sind doch auch sie selbst alle denselben Übeln insgemein preisgegeben wie wir« (ebd.). Und sie sind noch übler dran, wenn sie nicht im Glauben stehen – oder wenn sie ihr Gewissen spüren. »Ist doch kein grausameres Übel als die Unruhe eines beißenden Gewissens« (ebd., 24). Wir sollen auch um anderer Leute Übel und Leiden bekümmert sein und nicht, »wenn uns einmal ein Übel trifft, es sei so klein, wie es wolle, dasselbe gleich für das einzige und allergrößte« halten (ebd.).

Das linke Gut oder das Gut zu unserer Linken
»Das sind unsere Widersacher, die noch am Leben sind« (ebd., 49). Hier geht es nun doch um die Theodizeefrage, warum es den Bösen so wohl geht. Aber: »Der den Bösen so gütig ist, wie viel gütiger wird er den Guten sein« (ebd., 50). Mag diese Güte in manchem Leid verborgen sein, »so habe ich doch das Vertrauen, daß Gott mir viel gütiger ist als jenen« (ebd.). So wird das sichtbare Glück der Bösen zum Stachel, auf die unsichtbaren Güter zu hoffen, und so ist der Blick auf das Glück der »Gottlosen« eine Übung im Glauben.

Sechstes Bild: Das rechte Übel oder das Übel zu unserer Rechten

Das ist das Leiden unserer Freunde. Luther bekräftigt die Überzeugung, daß niemandem »Anfechtung« *über* sein Vermögen hinaus auferlegt wird. Das erinnert an folgende Worte Bonhoeffers: »Ich glaube, daß Gott uns in jeder Notlage soviel Widerstandskraft geben will, wie wir brauchen. Aber er gibt sie nicht im voraus, damit wir uns nicht auf uns selbst, sondern allein auf ihn verlassen. In solchem Glauben müßte alle Angst vor der Zukunft überwunden sein« (Widerstand und Ergebung, im Einleitungskapitel: Nach zehn Jahren).

Die Leiden von Märtyrern oder gar Johannes' des Täufers sollen uns aber auch beschämen, wenn wir an unserem, so viel geringeren Leiden kleinmütig werden. In diesem Zusammenhang findet Luther große Worte für Johannes den Täufer. Es muß uns betroffen machen, »daß der Mann ..., der Vorläufer Christi, der da größer ist als alle Propheten, nicht wenigstens durch einen öffentlichen Urteilsspruch getötet wird, nicht wenigstens unter dem Vorgeben eines Grundes (wie Christus) angeklagt wird, auch nicht um des Volkes willen, sondern im Kerker um einer Tänzerin willen ... Wo ist hier Gott, daß er solches ansehen konnte? Wo ist Christus, daß er das anhören und völlig stillschweigen kann? Ja, er kommt um, als wenn er Gott, Menschen und allen Kreaturen unbekannt wäre« (ebd., 26f.).

Siebentes Bild:
Das Übel in der Höhe oder das Übel über uns

Hier geht es um den Blick auf das Leiden Christi. An *ihn* sollen wir denken, freilich nicht einen abergläubischen Kreuzeskult aus seinem Leiden machen, »wie bei denen geschieht, die sich des Kreuzeszeichens und Wappens Christi bedienen gegen ihre Übel und den Tod, um nicht leiden oder sterben zu müssen – eine Sinnesweise, die dem Kreuz und Leiden Christi schnurstracks zuwiderläuft« (ebd., 32). Sondern wir sollen vor dem Kelch, den er uns vorgetrunken hat, uns nicht entsetzen, sondern ihn auch nehmen. »Unser Tod hat keine andere Gestalt denn der Tod der andern Menschen; und doch ist's ein ganz ander Ding: denn *für uns ist der Tod gestorben.* Also sind auch unsere anderen Leiden gleich den Leiden der anderen Menschen, aber allein dem Schein nach. Denn in Wirklichkeit sind unsere Leiden der Anfang der Leidlosigkeit« (ebd., 31). Durch Christi Leid ist dem Christen jedes Leiden entmächtigt.

Das Gut in der Höhe oder das Gut über uns
Das ist Christi Auferstehung nach seinem Kreuzestod. Hierhin führt die Systematik Luthers in großer Folgerichtigkeit. Das hiermit für uns verbundene Gut ist Christi Gerechtigkeit und Heiligkeit, die zu unserer Gerechtigkeit und Heiligkeit werden. Die Schrift schließt mit einer Formulierung, die kurze Zeit später, auch im Jahre 1520, in der Schrift »Von der Freiheit eines Christenmenschen« den Ausgangspunkt bildet: »Daher kommt es, daß *ein Christenmensch ein allmächtiger Herr aller Dinge ist, der alle Dinge besitzt,* gänzlich ohne alle Sünde. Denn wenn er gleich in Sünden ist, so dürfen sie ihm doch nicht mehr schaden, sondern werden vergeben . . .« (ebd., 59).

IV. Philosophische Argumentationen

1. Leibniz

Um die Wende vom 17. zum 18. Jahrhundert war geistesgeschichtlich und theologiegeschichtlich ein gewaltiger Umschwung eingetreten. Er zeigte sich vor allem darin, daß man froher und erwartungsvoller in die Welt sah als in den Zeiten des Dreißigjährigen Krieges, in denen das Erbsündendogma und Betrachtung des menschlichen Elends der wahrste Ausdruck der Existenz des Menschen zu sein schienen. Aber seltener stand ein Jahrhundert in radikalerem Gegensatz zum vorangegangenen als das 18. Jahrhundert zum 17. Der Mensch wird selbstbewußter, mündiger; und nun ist *er* es, der Mensch, der *Gott* rechtfertigt, wohingegen das Hauptdogma früher die Rechtfertigung *des Menschen* durch Gott war. Nun also übernimmt es der Mensch, Gott zu rechtfertigen bei Betrachtung *seines* Werkes. Und auch diese »Rechtfertigungslehre« kommt bald in die Kontroverse, ob es eine nur *forensische* (rein juristische, ein gnädiger Freispruch) oder eine *effektive* sei (die Welt tatsächlich gut und nicht nur, daß man sie dafür nimmt).

Doch darf man den Gegensatz zwischen beiden »Rechtfertigungslehren« nicht überspannen. Was Leibniz will, ist letztlich nichts anderes, als was auch Luther wollte: das Bild eines *gnädigen* Gottes in die Seele des Menschen zu pflanzen, dem Menschen Freude und Mut zu machen, ihm das Bewußtsein zu geben, daß er sinnvoll und lohnend arbeitet. Das 18. Jahrhundert verhandelt das nicht in Gestalt der Frage, ob und wie Schuld vergeben und eine Sündenlast der Vergangenheit aufgehoben wird. Die Frage ist jetzt die, ob der Raum des Menschen, die Welt mit ihren Gesetzen, wirklich die »gut« geschaffene Welt von Gen 1,31 (und 1Tim 4,4) ist. Aber das Gemeinsame mit der reformatorischen Frömmigkeit ist die Klarstellung, daß wir einen gnädigen Gott haben.

»Mein Zweck ist, die Menschen von den falschen Vorstellungen zu befreien, die Gott als einen unumschränkten Herrscher darstellen, der nach Willkür verfährt und wenig geeignet und wenig würdig ist, geliebt zu werden. Diese Vorstellungen sind in bezug auf Gott um so schlimmer, da das Wesen der Frömmigkeit nicht bloß darin besteht, ihn zu fürchten, sondern auch, ihn über alles zu lieben, was nur dann möglich ist, wenn man die Vollkommenheiten kennt, die im Stande sind, die Liebe, die er verdient, zu erwecken, und die das Glück derer bilden, die ihn lieben« (Theodizee, B § 6).

Von Leibniz schreibt sich der Begriff »Theodizee« her, und zwar von seinen »Versuchen zur Theodizee. Über die Güte Gottes, die Freiheit des Menschen und den Ursprung des Bösen (du mal)« von 1710. Außer dieser »großen Theodizee« gibt es noch – ursprünglich, seit 1719, in einem Anhang der »großen Theodizee« beigegeben – den kurzen Traktat *Causa Dei* asserta per Justitiam ejus cum ceteris ejus Perfectionibus cunctisque Actionibus conciliatam (»Verfechtung der Rechtssache Gottes auf Grund seiner Gerechtigkeit, die mit seinen übrigen Vollkommenheiten und seinem ganzen Handeln im Einklange steht«).

Diese Causa Dei ist eine Zusammenfassung der »Theodizee« in großer Konzentration, in 144 Thesen auf knapp 40 Seiten. Sie ist abstrakter und grundsätzlicher, ohne viel Polemik gegen Pierre Bayle wie in der großen Theodizee, die ihren Anlaß weitgehend darin hat, daß Bayle in seinem »Dictionnaire historique et critique« (1695–97) – der »Bibel des Skeptizismus« – einen Pessimismus vertreten hatte. Wir werden nachher aus beiden Fassungen der Theodizee zitieren.[9]

Leibniz ist entschlossen, das Gute in der Welt zu sehen. Das ist seine Voraussetzung, die Voraussetzung des Glaubens, genauer gesagt: seines Wissens um Gott als weisen, gütigen und allmächtigen. Von diesen Eigenschaften Gottes geht Leibniz aus.

»Herr Bayle fährt fort, ›daß der Mensch böse und unglücklich sei, daß es überall Gefängnisse und Spitäler gebe, daß die Geschichte nur eine Zusammenstellung der Berichte über die Verbrechen und das Unglück der Menschheit sei‹. Ich glaube, das ist übertrieben: es gibt unvergleichlich mehr Gutes als Schlimmes im menschlichen Leben, wie es unvergleichbar mehr Häuser als Gefängnisse gibt. In bezug auf Tugend und Laster besteht ein gewisses Gleichmaß. Schon Macchiavelli hat bemerkt, daß es wenig sehr schlechte und sehr gute Menschen gebe, und daß dieser Umstand das Mißlingen vieler großer Unternehmungen zur Folge habe. Ich halte es für einen Fehler der Geschichtsschreiber, daß sie mehr das Böse als das Gute aufsuchen. Der Hauptzweck der Geschichte wie der Poesie muß der sein, durch Beispiele Weisheit und Tugend zu lehren und das Laster in einer Weise zu schildern, die Abscheu dagegen erweckt und uns dazu treibt oder dazu führt, es zu vermeiden« (Theodizee, B § 148).

»Die Bücher über das menschliche Elend, wie z. B. das des Papstes Innocenz' III., scheinen mir nicht eben die nützlichsten zu sein; man verdoppelt die Übel, wenn man ihnen eine Aufmerksamkeit schenkt, die man von ihnen ablenken und den Gütern zuwenden sollte, welche die Übel weit überwiegen. Noch weniger billige ich Bücher wie das des Abbé Esprit über die Fälschlichkeit der menschlichen Tugenden, von dem man uns letzthin einen Auszug gegeben hat, da ein solches Buch alles von der schlimmen Seite zeigt und die Menschen zu dem macht, als was es sie schildert« (Theodizee, B § 15).

47

[9] Aus den »Versuchen zur Theodizee« wird zitiert nach der Ausgabe von Robert Habs, Leipzig 1883; aus der »Causa Dei« nach der Ausgabe von Karl Kindt (Plädoyer für Gottes Gottheit), Berlin 1947.

»Aber man wird sagen, im Vergleich zu den Gütern seien die Übel groß und zahlreich: man täuscht sich. Nur der Mangel an Aufmerksamkeit vermindert die Güter, die wir genießen, und diese Aufmerksamkeit muß durch eine Vermischung mit Übeln bei uns rege gemacht werden. Wenn wir in der Regel krank und nur selten gesund wären, würden wir das große Gut der Gesundheit ungemein, unsere Übel dagegen weniger empfinden; aber ist es trotzdem nicht besser, daß die Gesundheit die Regel und die Krankheit selten ist? Ergänzen wir daher durch unser Denken, was unserer Wahrnehmung abgeht, um uns das Gut der Gesundheit fühlbarer zu machen« (Theodizee, B § 13).

Die Formulierung, die am engsten mit dem Begriff der Theodizee verbunden ist, ist der Satz, daß unsere Welt »die beste« aller möglichen Welten sei. Gott hat nur das Beste wählen können. »Die unendliche Weisheit des Allmächtigen ... hat gemacht«, »daß nach Überschlagung aller Posten (omnibus computatis) nichts Besseres hat geschaffen werden können« (Causa Dei, § 46). »Man muß sagen, Gott habe aus einer unendlichen Zahl möglicher Weltläufe den besten ausgewählt« (Causa Dei, § 41). Gäbe es eine bessere Welt, hätte Gottes Weisheit sie erkennen, seine Güte sie wollen und seine Allmacht sie verwirklichen müssen. Und auch christologisch wird dieses Axiom formuliert: »Der wichtigste Grund jedoch für die Wahl der besten Weltordnung (dieser nämlich, in der wir leben) war Christus, der Gottmensch« (Causa Dei, § 49).

Damit gibt Leibniz auch eine neue Interpretation dessen, was theologisch »Schöpfung« heißt: nicht, daß die Welt zeitlich einen Anfang hat und daß sie endlich ist, sondern daß sie Entscheidung eines Wählens, Realisierung eines Wollens ist. Der Auswahlgedanke bestimmt den Schöpfungsbegriff, den Leibniz hat. Und die entscheidende Aussage ist die Wertung der Welt, daß sie »gut« ist. Das ist in der Tat nicht nur die Aussage des Alten Testamentes über die ursprüngliche Schöpfung, die Schöpfung vor dem Fall, sondern auch die Auffassung des Neuen Testamentes über die jetzige Welt (1Tim 4,4); es ist das Denken Jesu, wie die Zusage des Vorsehungshandelns Gottes in der Bergpredigt zeigt (Mt 6,25ff.).

Aber nun hatte Bayle schwere Einwürfe gegen diesen Optimismus eines Systems von Weltharmonie vorgebracht, Leid, Not und Elend geltend gemacht und »daß der Mensch böse und unglücklich sei« (Theodizee, B § 148). Die vielen Übel in der Welt, Schmerz, Not und Schuld, zeugten gegen Gottes Güte, Allmacht und Gerechtigkeit. Dabei waren diese Einwände von Bayle gar nicht einmal antichristlich gemeint. Er wollte nur sagen: Die christlichen Aussagen sind Aussagen des *Glaubens* und lassen sich nicht vom Wissen bestätigen. Sie lassen sich nicht in ein großes Weltsystem natürlicher Theologie einbauen. Der Glaube muß eben den Sprung in das Paradox christlichen Existierens (modern gesprochen) wagen. Aber Leibniz war nicht für Sprünge, gerade nicht für solche auf die rettende Insel sogenannten Glaubens, wenn alles Wissen dagegenbrandet. Was er sich theoretisch-wissensmäßig nicht zurechtlegen kann, daran kann er auch nicht glauben. Für ihn sind Wissen und Glauben eine Einheit. Der ganze erste Teil der Theodizee, der Teil A, handelt »Über die Übereinstimmung des Glaubens mit der Vernunft«. Das ist ihm die Grundlage.

Es klingt natürlich etwas nach Verharmlosung des Problems, wenn Leibniz sagt: »Man muß indessen einräumen, daß es im irdischen Leben Störungen und Schäden gibt, die besonders im Glücke mancher Schlechten und im Unglück vieler Guten sichtbar werden« (Theodizee, B § 16). Die Antwort, die Leibniz auf diese Klage gibt, erscheint uns heute als unzureichend: Heimsuchungen, die die Guten treffen, und das Leid dienen auf geheimnisvolle Weise zur Mehrung des Segens, wie denn »Christus selbst in einem wunderschönen Gleichnis uns mitgeteilt hat, daß nämlich das Saatkorn, das in die Erde fällt, keine Frucht bringe, es sterbe denn zuvor« (Causa Dei, § 54f.).

Aber die Einzelargumentation, die Leibniz vornimmt, bringt doch Beachtliches zur Sprache und hat eine (an sich schon bei Plotin sich anbahnende) Unterscheidung ins Bewußtsein gehoben, die heute zum Grundbestand der Problemanalyse gehört, nämlich die Unterscheidung dreierlei Übel: des metaphysischen, des physischen und des moralischen Übels.

»Man kann das Übel metaphysisch, physisch und moralisch auffassen. Das *metaphysische Übel* besteht in der einfachen Unvollkommenheit, das *physische Übel* im Leiden, das *moralische Übel* in der Sünde« (Theodizee, Anhang III, § 7, und Causa Dei, §§ 30–32).

Damit ist folgendes gesagt. Es gibt zunächst ein »Übel«, das metaphysische, das genaugenommen gar kein Übel ist, sondern das im Wesen dessen liegt, daß der Mensch nicht Gott selbst, sondern sein Geschöpf ist. Gott konnte dem Menschen, seinem Geschöpf, »nicht alles verleihen, ohne es selbst zu einem Gott zu machen; es mußte also verschiedene Stufen in der Vollkommenheit der Dinge und ebenso Beschränkungen jeder Art geben« (Theodizee, B § 31). Es gibt eine »ursprüngliche Unvollkommenheit im Geschöpf . . ., weil das Geschöpf in hohem Grade beschränkt ist und sogar nicht alles wissen, sondern vielmehr täuschen und andere Fehler begehen kann« (Theodizee, B § 20). Aber auch Dinge wie »Mißgeburten« rechnet Leibniz zu den metaphysischen Übeln (Theodizee, B § 241).

»Wenn ich von Mißgeburten spreche, so verstehe ich darunter auch noch viele andere scheinbare Mängel« (Theodizee, B § 244).

Ebenso gehören die Ungleichheiten in eine Kategorie, die überhaupt keine eigentlichen Übel darstellt:

»Die Ungleichheit der Eigenschaften wird nicht zu den Unordnungen gerechnet, und Herr Jaquelot fragt daher diejenigen, welche möchten, daß alles gleich vollkommen wäre, mit vollem Recht, warum die Felsen nicht mit Blättern und Blüten gekrönt und die Ameisen keine Pfauen seien? Wenn allenthalben Gleichheit herrschen sollte, würde der Arme gegen den Reichen, der Diener gegen den Herrn aufsässig werden. Die Pfeifen an einer Orgel dürfen ja auch nicht gleich sein« (Theodizee, B § 246).

Die eigentlichen Übel sind für Leibniz das *physische* und das *moralische* Übel, das physische: Leid und Schmerz, Not und Tod; das moralische: Sünde und Schuld.

Am physischen Übel fällt auf, daß Leibniz »von den Leiden der Tiere« absieht (Theodizee, B § 250). Seine Betrachtungsweise ist ganz auf den Menschen und sein Fühlen konzentriert. Das hängt damit zusammen, daß er die Leiden, die der Mensch dem Mitmenschen zufügt, für schlimmer hält als die, die die Natur ihm bereitet. »Ein einziger Caligula, ein Nero haben mehr Unheil angerichtet als ein Erdbeben« (Theodizee, B § 26). – Daß es mehr physische Güter als physische Übel gibt, verkenne nur, wer nicht auch das Freisein von physischen Übeln, wie die Gesundheit, als physisches Gut anerkennt.

»Ich gebe zu, daß das physische Übel nichts anderes als Mißbehagen ist, und verstehe darunter den Schmerz, den Kummer und jede andere Art von Unannehmlichkeit. Aber besteht das physische Gut einzig und allein im Vergnügen? Herr Bayle scheint dieser Meinung zu sein, ich bin jedoch der Ansicht, daß es auch in einem mittleren Zustand wie dem der Gesundheit besteht. Man befindet sich ziemlich gut, wenn man kein Übel erduldet« (Theodizee, B § 251).

Das *moralische* Übel ist die Sünde des Menschen. Dieses in den Weltplan Gottes einzubeziehen, fällt Leibniz schwerer, als mit dem physischen Übel fertig zu werden. Es kommt auf die Formulierung hinaus, daß Gott es *zuläßt*, aber nicht eigentlich will. Und er läßt es zu, um dem Menschen freien Willen und Selbstbestimmung zu lassen. »Wir haben festgestellt, daß der freie Wille die Ursache des Übels der Schuld und folglich auch des Übels der Strafe ist, obgleich die erste und entfernteste Ursache derselben allerdings die ursprüngliche Unvollkommenheit der Geschöpfe ist« (Theodizee, B § 288).

»Was aber das Übel anbetrifft, so will Gott das moralische Übel durchaus nicht und ebenso wenig unbedingt das physische Übel oder die Leiden: aus diesem Grunde gibt es keine unbedingte Vorherbestimmung zur Verdammnis und kann man vom physischen Übel sagen, daß Gott es oft als eine der Schuld zukommende Strafe und oft auch als Mittel zum Zweck will, d. h. um größere Übel zu verhindern oder größere Güter zu erlangen. Die Strafe dient auch zur Besserung und zur Warnung und das Übel zur bessern Fühlbarmachung des Guten; zuweilen trägt es sogar zur größern Vervollkommnung dessen bei, der es erduldet, wie ja auch der Same, den man säet, einer Art Verderbnis unterliegt, um zu keimen: ein schöner Vergleich, dessen schon Christus selbst sich bedient hat.

Was die Sünde oder das moralische Übel betrifft, so ist dasselbe, obgleich es ebenfalls sehr häufig als Mittel dienen kann, um ein Gut zu erlangen oder ein anderes Übel zu verhindern, doch keineswegs deswegen ein hinreichender Gegenstand des göttlichen oder auch ein zulässiger Gegenstand eines geschaffenen Willens. Es darf vielmehr nur soweit gestattet oder *zugelassen* werden, als es als die gewisse Folge einer unerläßlichen Pflicht erscheint, so daß der, der die Sünde anderer nicht würde zulassen wollen, dadurch seine eigene Pflicht verl .zen würde, wie z. B. wenn ein Offizier, der einen wichtigen Punkt bewachen soll, denselben gerade zur Zeit der Gefahr verließe, um in der Stadt einen Streit zwischen zwei Soldaten der Besatzung zu verhindern, die einander töten wollen« (Theodizee, B § 23f.).

Im Unterschied zum physischen und methaphysischen Übel sieht Leibniz das moralische Übel als eine andersartige Kategorie, die nicht die Funktion eines »Hilfsgutes« einnehmen kann.

»Metaphysische und physische Übel – wie die Unvollkommenheiten in den Dingen und die Strafübel in Personen – werden zuweilen zu Hilfsgütern (bona subsidiaria), gleichsam zu Mitteln zur Erlangung größerer Güter.

Aber das moralische Böse oder das Schuldübel kann niemals als ein solches Mittel zur Beförderung des Guten angesehen werden; denn man darf nach der Mahnung des Apostels niemals Böses tun, damit Gutes dabei herauskomme« (Causa Dei, § 35f.).

Trotzdem findet Leibniz immer wieder Formulierungen, die sich um eine Sinngebung auch des moralischen Übels bemühen. Sein Hauptargument ist aber das Konstatieren aus der Wirklichkeit: daß es eben so ist.

»Allerdings kann man sich mögliche Welten ohne Sünde und ohne Elend vorstellen und könnte daraus etwas schaffen, was den Romanen von Utopien und von den Sevaramben gleicht, aber diese Welten würden im übrigen der unsern bedeutend nachstehen. Ich kann das nicht im einzelnen zeigen, denn wie könnte ich Unendlichkeiten kennen, darstellen und miteinander vergleichen? Man muß es vielmehr mit mir ab effectu schließen, da Gott diese Welt gewählt hat, so wie sie ist. Überdies wissen wir ja, daß ein Übel oft ein Gut bewirkt, das man ohne jenes Übel nicht erlangt haben würde« (Theodizee, B § 10).

»Da er aber das Laster zuläßt, so muß wohl die Ordnung des Weltalls, die er als vorzüglicher denn jeden andern Plan befunden hat, dies verlangt haben« (Theodizee, B § 124).

»In dieser besten Ordnung aber war enthalten, daß alle ihrer Freiheit und einige auch ihrer Bosheit überlassen werden sollten – was wir daraus schließen, weil es geschehen ist« (Causa Dei, § 126).

Letztlich ist das moralische Übel mit eingeschlossen, wenn die Feststellung gilt: Nicht *trotz*, sondern *wegen* der Übel ist die Welt die bestmögliche. Alle Übel haben doch irgendwie ihren guten Sinn: als Kontrast, als Antrieb und Ankurbeln des Glücks*begehrens*, als Widerstand, gegen den das Gute überhaupt erst etwas bedeutet – wie man denn die Gesundheit nur als Gut werten kann, wenn man um die Krankheit weiß (Theodizee, B § 12f., B § 251). Grundsätzlich beteuert aber Leibniz dies: Das Übel hat nicht selbständige Macht, ist kein Gegenprinzip in der Welt gegen Gott. Das Übel ist nur Mangel am Guten, etwas Fehlendes, Negatives (privatio boni, wie schon Kirchenväter formulierten) – und eben etwas dem Guten Dienendes; es ist buchstäblich (wie Goethe Mephisto sagen läßt): »ein Teil von jener Kraft, die stets das Böse will und stets das Gute schafft«.

»Ein wenig Saures, Herbes oder Bitteres schmeckt oft angenehmer als Zucker, die Schatten lassen die Farben hervortreten, und eine an richtiger Stelle angebrachte Dissonanz hebt sogar die Harmonie hervor ... Und muß nicht meistens ein kleines Übel das Gute fühlbarer d. h. größer machen?« (Theodizee, B § 12)

Man muß sich freilich auf den Standpunkt des Ganzen stellen und nicht den Vorteil des einzelnen zum Maßstab machen. »Soll Gott keinen Regen spenden, weil es niedrig gelegene Örtlichkeiten gibt, die dadurch geschädigt werden? Und soll die Sonne nicht soviel scheinen, wie es für das Ganze nötig ist, weil einzelne Stellen dadurch zu sehr ausgedörrt werden?« (Theodizee, B § 134)

Schon in seiner Schrift »De rerum originatione radicali« von 1697 bringt Leibniz das Beispiel einer Bildbetrachtung:

»Stellen wir uns z. B. ein herrliches Gemälde vor, das bis auf ein kleines Teilchen völlig verdeckt ist, so werden wir auch bei der genauesten und nächsten Betrachtung nichts anderes erblicken, als ein trübes, unerquickliches, kunstloses Farbengemisch; aber enthülle das Bild, betrachte es jetzt aus dem richtigen Standpunkt, und was noch eben gedankenlose Pinselei schien, erscheint jetzt als das hohe Werk eines künstlerischen Verstandes. Was in dem Gemälde das Auge, dasselbe entdeckt das Ohr in der Musik. Die vorzüglichsten Komponisten mischen sehr oft Dissonanzen mit Accorden, damit der Hörer bewegt, gespannt, in einer fast ängstlichen Erwartung des Ausganges um so mehr durch die harmonische Lösung ergötzt werde« (zitiert bei Kuno Fischer, Gottfried Wilhelm Liebniz. Leben, Werke und Lehre, Heidelberg ^{4}1902, 590f.).

»Jene Ordnung des Gottesstaates, die wir hier auf Erden noch nicht erkennen, (ist) ein Gegenstand unseres Glaubens, unserer Hoffnung und unseres Vertrauens zu Gott« (Theodizee, B § 134).

Während Leibniz ganz grundsätzlich argumentiert, d. h. »von oben«, von Gott und seinem Beglückungswillen zum Menschen ausgeht, haben die nachfolgenden Generationen seine grundsätzliche These im einzelnen und am kleinen Beispiel illustrieren und belegen wollen. Obwohl dieser Fortgang der Dinge, der prinzipiellen Behauptung den Einzelbeleg folgen zu lassen, folgerichtig und irgendwie notwendig ist, hat er doch dem ganzen Theodizeebemühen Blößen und Angriffsflächen gegeben. In seiner Ausrichtung auf das Grundsätzliche und streng Theologische ist Leibniz unwiderlegbar. Die nachfolgende sogenannte *Physikotheologie*, die nun im einzelnen nachweisen wollte, daß alle Naturordnung sinnvoll auf das Wohl und den Nutzen des Menschen abziele, hatte zwar auf den ersten Blick eine suggestive Macht der Überzeugung, sie hat aber gründlichem Nachprüfen nicht standgehalten. Und ihre Voraussetzung, daß alle Werke Gottes um des Menschen willen da seien (wie schon die stoische Philosophie von ihrem Weltbild her lehrte), hat schon Leibniz aus seiner Argumentation ausgeschlossen.

»Unsere Erde ist ja nur der Trabant einer Sonne, und es gibt soviele Sonnen wie Fixsterne, und man muß annehmen, daß noch jenseits aller Fixsterne sich ein gewaltiger Weltraum ausdehne ...« (Causa Dei, § 58). Man könne nicht sagen, »daß der Vorteil einer bestimmten Anzahl von Menschen die Rücksicht auf eine Unordnung unter einer unendlichen Anzahl von Geschöpfen überwiegen würde. Diese Ansicht würde noch ein Überbleibsel der alten, übel berüchtigten Maxime sein, wonach alles nur für den Menschen allein gemacht ist« (Theodizee, B § 118).

Für die Theologiegeschichte ist noch besonders beachtlich, daß sich Leibniz gegen die calvinistische Lehre abgrenzt, daß Gottes Souveränität auch den Fall des Menschen und die Verwerfung bestimmter Menschen (nicht nur vorausgesehen, sondern auch) vorausgewollt habe.

»Ebensowenig darf man die Ursache unseres Falles in einen gar nicht heiligen, gar nicht liebenswerten Willen Gottes setzen, den man ihm andichtet – so als habe er, lediglich den Ruhm seiner Größe vor Augen, bar jeder Güte, in grausamer Barmherzigkeit Elende geschaffen, damit es welche gebe, deren er sich erbarmen könne; und als habe er aus verkehrter Gerechtigkeit Sünder gewollt, damit es welche gebe, deren er sich erbarmen könne. All das ist Tyrannenart und weit entfernt von wahrer Herrlichkeit und wahrer Vollkommenheit, deren Wert ja nicht so sehr in der Größe als im Vollgehalt des Guten liegt« (Causa Dei, § 78).

»Wir verwerfen darum jene höchst widerwärtige These vom Menschenhaß Gottes und stellen uns mit Recht schützend vor die Ansicht von Gottes höchster Menschenliebe« (Causa Dei, § 123).

Zur abschließenden Beurteilung von Leibniz wollen wir noch zwei Dinge aus der umfassenden Monographie von Friedrich Billicsich, Das Problem des Übels in der Philosophie des Abendlandes (3 Bände), und zwar aus dem Bande 2 (Von Eckehart bis Hegel, Wien/Köln 1952), nennen. Zunächst das gegenüber Leibniz Kritische: daß Leibniz doch wohl jedenfalls das moralische Übel, die Sünde, zu schnell mit dem Guten verrechnet hat.

»Diese Tendenz, das Übel in seiner Wucht und Bedeutung quantitativ und qualitativ abzuschwächen, kann aber Bedenken erregen, besonders wenn dies beim moralischen Übel geschieht.« »So droht an die Stelle einer absoluten Scheidung von Gut und Böse nur eine quantitative Verschiedenheit, ein Mehr oder Weniger des Guten zu treten« (ebd., 164).

Das wird besonders deutlich bei einem Vergleich mit Augustin:

»Obwohl auch dieser vom Privationsbegriff des Übels ausgeht, ist doch bei ihm die Sünde etwas viel Ernsteres, etwas Gottwidriges, ein Widerstreben gegen das höchste Gut und ein Abfall von ihm, beruhend auf einer verkehrten und verderbten Willenstendenz. Bei Leibniz nur eine Beraubung, ein Zustand der Schwäche, eine Hemmung, hervorgegangen aus einer bedauerlichen Trübung des Intellekts« (ebd., 165).

Andererseits schreibt Billicsich:

»Der Standpunkt absoluter Wirklichkeitsbejahung, ja höchster Weltverklärung, den Leibniz konsequent durchführt, ist richtiger und ungleich wertvoller, schon weil in ihm der zukunftsfrohe Glaube an einen steten Fortschritt eingeschlossen ist, als jener graue tatenlähmende Pessimismus, welcher sich vielleicht einer ersten, oberflächlichen Weltbetrachtung eher empfiehlt« (ebd., 169).

Es wird trotzdem lehrreich sein, auch die Gegenposition zu hören, die Schopenhauer gegen Leibniz errichtet hat. Zumal auch Schopenhauer sich für seinen »Pessimismus« auf den christlichen Glauben beruft – und im Blick auf die praktische Frage: wie denn der Mensch mit Übel, Leid und Not fertig werden soll.

2. Schopenhauer

Arthur Schopenhauer hat den Optimismus, und er dachte hierbei besonders an Leibniz, »eine wahrhaft *ruchlose* Denkungsart« genannt, einen »bitteren Hohn über die namenlosen Leiden der Menschheit«. Und er fährt fort: »Man denke nur ja nicht etwa, daß die christliche Glaubenslehre dem Optimismus günstig sei; da im Gegenteil in den Evangelien Welt und Übel beinahe als synonyme Ausdrücke gebraucht werden« (Die Welt als Wille und Vorstellung, § 59).[10]

Im Kapitel 46 des Ergänzungsbandes zu seinem Hauptwerk: »Die Welt als Wille und Vorstellung« hat Schopenhauer seine Weltanschauung in folgenden Sätzen zusammengefaßt:

10 Das Hauptwerk Schopenhauers »Die Welt als Wille und Vorstellung« wird zitiert nach der Ausgabe der Cotta'schen Handbibliothek, Stuttgart/Berlin o. J., der Ergänzungsband zum Hauptwerk nach: Sämtliche Werke, hg. v. Julius Frauenstädt, 3. Band, Leipzig 1873. Die »Parerga und Paralipomena« werden nach der Reclam-Ausgabe, Leipzig o. J., zitiert.

»Aus der Nacht der Bewußtlosigkeit zum Leben erwacht findet der Wille sich als Individuum, in einer end- und grenzenlosen Welt, unter zahllosen Individuen, alle strebend, leidend, irrend; und wie durch einen bangen Traum eilt er zurück zur alten Bewußtlosigkeit. – Bis dahin jedoch sind seine Wünsche grenzenlos, seine Ansprüche unerschöpflich, und jeder befriedigte Wunsch gebiert einen neuen. Keine auf der Welt mögliche Befriedigung könnte hinreichen, sein Verlangen zu stillen, seinem Begehren ein endliches Ziel zu setzen und den bodenlosen Abgrund seines Herzens auszufüllen. Daneben nun betrachtet man, was dem Menschen, an Befriedigungen jeder Art, in der Regel, wird: es ist meistens nicht mehr, als die, mit unablässiger Mühe und steter Sorge, im Kampf mit der Not, täglich errungene, kärgliche Erhaltung dieses Daseins selbst, den Tod im Prospekt. – Alles im Leben gibt kund, daß das irdische Glück bestimmt ist, vereitelt oder als eine Illusion erkannt zu werden. Hierzu liegen tief im Wesen der Dinge die Anlagen. Demgemäß fällt das Leben der meisten Menschen trübsälig und kurz aus. Die komperativ Glücklichen sind es meistens nur scheinbar, oder aber sie sind, wie die Langlebenden, seltene Ausnahmen, zu denen eine Möglichkeit übrig bleiben mußte – als Lockvogel. Das Leben stellt sich dar als ein fortgesetzter Betrug, im Kleinen, wie im Großen. Hat es versprochen, so hält es nicht; es sei denn, um zu zeigen, wie wenig wünschenswert das Gewünschte war: so täuscht uns bald die Hoffnung, bald das Gehoffte. Hat es gegeben; so war es, um zu nehmen. Der Zauber der Entfernung zeigt uns Paradiese, welche wie optische Täuschungen verschwinden, wann wir uns haben hinäffen lassen. Das Glück liegt demgemäß stets in der Zukunft, oder auch in der Vergangenheit, und die Gegenwart ist einer kleinen dunklen Wolke zu vergleichen, welche der Wind über die besonnte Fläche treibt: vor ihr und hinter ihr ist alles hell, nur sie selbst wirft stets einen Schatten« (a.a.O. [Anm. 10], 657f.).

Das »Leben schwingt also, gleich einem Pendel, hin und her, zwischen dem Schmerz und der Langenweile, welche beide in der Tat dessen letzte Bestandteile sind. Dieses hat sich sehr seltsam auch dadurch aussprechen müssen, daß, nachdem der Mensch alle Leiden und Qualen in die Hölle versetzt hatte, für den Himmel nun nichts übrig blieb, als eben Langeweile« (Die Welt als Wille und Vorstellung, § 57).

»Wie die Not die beständige Geißel des Volkes ist, so die Langeweile die der vornehmen Welt. Im bürgerlichen Leben ist sie durch den Sonntag, wie die Not durch die sechs Wochentage repräsentiert.

Zwischen Wollen und Erreichen fließt nun durchaus jedes Menschenleben fort. Der Wunsch ist, seiner Natur nach, Schmerz: die Erreichung gebiert schnell Sättigung: das Ziel war nur scheinbar: der Besitz nimmt den Reiz weg: unter einer neuen Gestalt stellt sich der Wunsch, das Bedürfnis wieder ein: wo nicht, so folgt Oede, Leere, Langeweile, gegen welche der Kampf ebenso quälend ist, wie gegen die Not« (ebd.).

Es gilt freilich – und hierin berührt sich Schopenhauer mit Leibniz (Theodizee, B §§ 250, 251) – im Grunde nur für den *Menschen*, daß am Leben das Leiden zum Problem wird. Die Empfindung »im dumpfen tierischen Bewußtsein« (Welt, § 56) hat Schopenhauer nicht im selben Maße als Sichängsten und Seufzen gesehen wie Paulus (Röm 8,22).

»In der Pflanze ist noch keine Sensibilität, also kein Schmerz: ein gewiß sehr geringer Grad von Leiden wohnt den untersten Tieren, den Infusorien und Radiarien ein: sogar in den Insekten ist die Fähigkeit zu empfinden und zu leiden noch beschränkt: erst mit dem vollkommenen Nervensystem der Wirbeltiere tritt sie in hohem Grade ein, und in immer höherem, je mehr die Intelligenz sich entwickelt. In gleichem Maße also, wie die Erkenntnis zur Deutlichkeit gelangt, das Bewußtsein sich steigert, wächst auch die Qual, welche folglich ihren höchsten Grad im Menschen erreicht, und dort wieder um so mehr, je deutlicher erkennend, je intelligenter der Mensch ist: der, in welchem der Genius lebt, leidet am meisten. In diesem Sinne ... gebrauche ich hier jenen Spruch des Koheleth: Qui auget scientiam, auget et dolorem« (Welt, § 56).

Zur Psychologie des Leidens, besonders als *Sorge*, bemerkt Schopenhauer, daß das menschliche Bewußtsein stets mit irgendeiner Sorge ausgefüllt ist und daß, wenn die eine behoben ist, sogleich eine andere deren Stelle ausfüllt. Jeder Mensch hat eine bestimmte Kapazität für den Schmerz, und wenn diese durch ein Hauptübel ausgefüllt ist, ist das Empfinden für die geringeren herabgesetzt oder ganz ausgelöscht. Es gilt, »daß große Leiden alle kleineren gänzlich unfühlbar machen« und umgekehrt »bei Abwesenheit großer Leiden selbst die kleinsten Unannehmlichkeiten uns quälen und verstimmen«, überhaupt »daß in jedem Individuum das Maß des ihm wesentlichen Schmerzes durch seine Natur ein für allemal bestimmt (ist), welches Maß weder leer bleiben, noch überfüllt werden« kann (Welt, § 57). Das besagt, daß das Gefühl für Leiden und Wohlsein zu einem großen Teil subjektiv und a priori bestimmt ist und kaum durch äußere Umstände wie Reichtum oder Stand sehr beeinflußt wird. So treffe man unter den Armen wenigstens ebenso viele frohe Gesichter an wie unter den Reichen.

Schopenhauer sieht aber auch, daß das Leid und die Plage etwas für das menschliche Leben Notwendiges ist.

»Jedoch, wie unser Leib auseinanderplatzen müßte, wenn der Druck der Atmosphäre von ihm genommen wäre; – so würde, wenn der Druck der Not, Mühseligkeit, Widerwärtigkeit und Vereitelung der Bestrebungen vom Leben der Menschen weggenommen wäre, ihr Übermut sich steigern ...

Arbeit, Plage, Mühe und *Not* ist allerdings, ihr ganzes Leben hindurch, das Los fast aller Menschen. Aber, wenn alle Wünsche, kaum entstanden, auch schon erfüllt wären; womit sollte dann das menschliche Leben ausgefüllt, womit die Zeit zugebracht werden? Man versetze dies Geschlecht in ein *Schlaraffenland*, wo alles von selbst wüchse und die Tauben gebraten herumflögen, auch jeder seine Heiß-Geliebte alsbald fände, und ohne Schwierigkeiten erhielte. – Da werden die Menschen zum Teil vor langer Weile sterben, oder sich aufhängen, zum Teil aber einander bekriegen, würgen und morden, und so sich mehr Leiden verursachen, als jetzt die Natur ihnen auflegt« (Parerga und Paralipomena II, § 152).

Der Unterschied zu Leibniz kommt besonders darin zum Ausdruck (und Schopenhauer selbst hat ihn hierin gesehen), daß für Schopenhauer das Übel nicht nur Negatives, sondern etwas zuhöchst Positives ist (Parerga II, § 149, gegen Leibniz, Theodizee B, § 153). Freilich nicht in dem Sinne, wie theologische Kritik an Leibniz als Wurzel des moralischen Übels stärker den bösen Willen und ein radikales Böses, etwas Gottwidriges und nicht nur Schwäche oder Hemmung ansehen möchte, sondern in einem *psychologischen* Sinne. Der Mensch spürt das Normale – etwa die Gesundheit – nicht (es ist insofern nichts Positives), wohl aber die kleinste Stelle, »wo uns der Schuh drückt« (ebd.). So seien auch die Freuden gar kein positives Gut, sondern nur die Wegnahme eines Schmerzes. *Sie*, die Freuden, seien – was Leibniz vom Übel behaupte – nur negativer Natur, nämlich »das Ende eines Übels« (Welt, § 67). Aber diese Sicht der Dinge ist rein psychologisch (und läßt an sich noch keinen Schluß auf die objektive Bewertung zu): Das Leid, weil es gespürt wird, ist das Positive; das Gute und Normale, weil es erst am Kontrast zum Notvollen zum Bewußtsein kommt, ist das Negative (aber Leibniz selbst konnte in diesem Sinne argumentieren: »Muß nicht meistens ein kleines Übel das Gute fühlbarer, d. h. größer machen«, Theodizee, B § 12).

Der Hauptunterschied zwischen Schopenhauer und Leibniz liegt aber darin, daß sie zwar beide für ihre so entgegengesetzten Konzeptionen sich auf die Bibel berufen, aber in ganz verschiedenen Dingen das Wesen der Bibel und die Grundtendenz des christlichen Glaubens sehen. Während Leibniz vom christlichen Gottesbegriff ausgeht, von der Vatergüte Gottes im Zeugnis Jesu Christi, ist es für Schopenhauer die alttestamentliche Geschichte vom Sündenfall[11] und das Erbsündendogma[12], dazu Luthers Lehre vom unfreien Willen[13], was ihm das Wesen des Christentums bezeichnet. Aber das bedeutet nicht einseitige Vorrangstellung des Alten Testamentes. Im Gegenteil, gerade erst das Neue Testament bringe den weltflüchtig-asketischen Geist in das Christentum (»Allen protestantisch-rationalistischen Verdrehungen zum Trotz ist der asketische Geist Nächstenliebe und gänzliche Verleugnung seiner selbst ganz eigentlich die Seele des Neuen Testamentes«, Parerga II, § 163), der so große Ähnlichkeit habe mit seiner, Schopenhauers, Lehre von der Verneinung des Willens als Weg zur Erlösung – die »sonach wirklich im Geiste des Neuen Testamentes« sei. »In diesem Sinne könnte man meine Lehre die eigentliche christliche Philosophie nennen; – so paradox dies denen erscheinen mag, die nicht auf den Kern der Sache gehn, sondern bei der Schale stehn bleiben« (Parerga II, § 163).

[11] Es ist »allein die Geschichte vom Sündenfall, die mich mit dem Alten Testament aussöhnt« (Parerga II, § 156).

[12] »Wirklich ist die Lehre von der Erbsünde (Bejahung des Willens) und von der Erlösung (Verneinung des Willens) die große Wahrheit, welche den Kern des Christentums ausmacht« (Welt, § 70).

[13] Ebd.

Aber was sind nun die Wege und Weisungen, die Schopenhauer empfiehlt, um Erlösung aus dem Leid und der Not des menschlichen Daseins zu finden?

In seinen »kleinen philosophischen Schriften«, den Parerga und Paralipomena, die viel Weltweisheit darbieten, hat Schopenhauer auch banale psychologische Argumente nicht gescheut wie, daß man auf andere Menschen blicken soll, die noch übler dran sind als wir.

»Der wirksamste Trost, bei jedem Unglück, in jedem Leiden, ist, hinzusehen auf die andern, die noch unglücklicher sind, als wir: und dies kann jeder« (Parerga II, § 150).

»Die Erinnerung an größere Leiden, als die unsrigen sind, stillt ihren Schmerz: der Anblick fremder Leiden lindert die eigenen« (Welt, § 65).

Weiterhin sieht Schopenhauer darin, daß sich jemand ganz der Gegenwart hingibt, weder der Vergangenheit nachtrauert noch in Hoffnung oder Sorge bloß in der Zukunft lebt, ein Entkommen aus der Trübsal menschlichen Leidens. Und dies könne uns das Tier lehren. »Das Tier ist die verkörperte Gegenwart« (Parerga II, § 153). So erscheinen die Tiere, mit dem Menschen verglichen, als wirklich weise, »nämlich im ruhigen, ungetrübten Genusse der Gegenwart«, in einer Gemütsruhe, mit der sie uns in unserm durch Gedanken und Sorgen häufig unruhigen und unzufriedenen Zustand beschämen. »Eben dieses den Tieren eigene, *gänzliche Aufgehen in der Gegenwart* trägt viel bei zu der Freude, die wir an unsern Haustieren haben: sie sind die personifizierte Gegenwart und machen uns gewissermaßen den Wert jeder unbeschwerten und ungetrübten Stunde fühlbar« (ebd.).

An eigentlichen Erlösungswegen nennt Schopenhauer mehrere: die ästhetische Freude im *Kunstgenuß*, die in gewisser Weise mit dem Blick in die Natur zusammengehört, die aber im Grunde doch nur eine vorübergehende, momentane Erlösung darstellt. Dann das *Mitleid*, das vom eigenen Ich abkommt und im fremden Leid das eigene Leid erfaßt. Schließlich die *Askese* oder das Eremitentum als den Willen zur Verneinung des eigenen Willens.

Das *Kunsterleben* ist die häufigste und vielen Menschen erreichbare Form, jedenfalls für einen Augenblick von sich selbst abzusehen und in einem Größeren, in der Darstellung einer Idee ganz aufzugehen.

»Es ist uns aus dem dritten Buche erinnerlich, daß die ästhetische Freude am Schönen, einem großen Teile nach, darin besteht, daß wir, in den Zustand der reinen Kontemplation tretend, für den Augenblick allem Wollen, d. h. allen Wünschen und Sorgen enthoben, gleichsam uns selbst los werden, nicht mehr das zum Behuf seines beständigen Wollens erkennende Individuum, das Korrelat des einzelnen Dinges, dem die Objekte zu Motiven werden, sondern das willensreine, ewige Subjekt des Erkennens, das Korrelat der Idee sind ...« (Welt, § 68).

Zugleich ist diese Haltung die Haltung des reinen Erkennens, des Erkennens der Idee:

»Glück und Unglück sind verschwunden: Wir sind nicht mehr das Individuum, es ist vergessen, sondern nur noch reines Subjekt der Erkenntnis: wir sind nur noch da als das *eine* Weltauge, was aus allen erkennenden Wesen blickt, im Menschen allein aber völlig frei vom Dienste des Willens werden kann, wodurch aller Unterschied der Individualität so gänzlich verschwindet, daß es alsdann einerlei ist, ob das schauende Auge einem mächtigen König, oder einem gepeinigten Bettler angehört« (Welt, § 38).

Die Ethik Schopenhauers hat eine aktive und eine passive Seite. Die (relativ) aktive heißt *Mitleid*, die passive *Verneinung* des Willens zum Leben, *Eremitentum.*

Die reine Liebe, die eigentliche Güte der Gesinnung, praktiziertes Abkommen vom Egoismus ist das Mitleid. Hier unterscheidet sich Schopenhauer von Kant, »der alles wahrhaft Gute und die Tugend allein für solche anerkennen will, wenn sie aus der abstrakten Reflexion und zwar dem Begriffe der Pflicht und des kategorischen Imperativs hervorgegangen ist, und der gefühltes Mitleid für Schwäche, keineswegs für Tugend erklärt« (Welt, § 67). Für Schopenhauer, der die ethische Frage ganz vom Gegensatz Egoismus – Altruismus her sieht, ergibt sich gegen Kant: »Alle wahre und reine Liebe ist Mitleid, und jede Liebe, die nicht Mitleid ist, ist Selbstsucht. Selbstsucht ist der eros; Mitleid ist die agape« (ebd.). Hierbei ist Mitleid nicht einfach Gefühl und Emotion, sondern wurzelt in der intellektuellen Einsicht, daß fremdes Leid eigenes Leid ist, wie überhaupt alles menschliche Leiden eine Einheit und Ganzheit darstellt. Das wurzelt in der Anschauung fernöstlicher Religiosität, daß an sich und ursprünglich alle Menschen *einen* geschlossenen Organismus, ein Wesen bilden und die Vereinzelung und Individuation eine Täuschung, eine Urverblendung ist. Das Leben als individuelles ist nach dieser Lehre ein Leben im Schein, nicht das wahre Leben. Im *Mitfühlen* aber, im Mitgefühl und Mitleid, geschieht es, daß der Mensch den Schein (den »Schleier der Maja«, der magischen Verzauberung, der uns Individualität vortäuscht) ahnungsvoll durchbricht und zurückkehrt in die Einheit und Identität des Urwesens.

Sich aus Mitleid dem fremden Leid hinzugeben, ist aber noch nicht die eigentliche Erlösung. Es ist Befreiung »durch die bloße Erkenntnis des Leidens einer ganzen Welt, das man sich freiwillig aneignet« (Welt, § 68), im Gewahrwerden dessen, daß fremdes Leid eigenes Leid ist. Die eigentliche Erlösung geschieht, indem man Leid bewußt auf sich nimmt, sie geschieht »durch den selbstempfundenen, eigenen, überschwenglichen Schmerz« (ebd.). Das ist »Verneinung des Willens« – oder Askese.

Die großen historischen Beispiele hierfür sieht Schopenhauer im Christentum und im Hinduismus. Trotz ihrer gegensätzlich verschiedenen lehrhaften Ansichten und Sitten sei die Tendenz zur Askese als Weltverneinung eben dieselbe. Hierzu folgende Partien:

»Das uns Zunächstliegende ist das Christentum, dessen Ethik ganz in dem angegebenen Geiste (›Verneinung des Willens zum Leben‹) ist und nicht nur zu den höchsten Graden der Menschenliebe, sondern auch zur Entsagung führt; welche letztere Seite zwar schon in den Schriften der Apostel als Keim sehr deutlich vorhanden ist, jedoch erst später sich völlig entwickelt und explicite ausgesprochen wird. Wir finden von den Aposteln vorgeschrieben: Liebe zum Nächsten, der Selbstliebe gleichwiegend, Wohltätigkeit, Vergeltung des Hasses mit Liebe und Wohltun, Geduld, Sanftmut, Ertragung aller möglichen Beleidigungen ohne Widerstand, Enthaltsamkeit in der Nahrung zur Unterdrückung der Lust, Widerstand dem Geschlechtstriebe, wenn man es vermag, gänzlich. Wir sehen hier schon die ersten Stufen der Askesis, oder eigentlichen Verneinung des Willens, welcher letztere Ausdruck eben das besagt, was in den Evangelien das Verleugnen seiner selbst und Aufsichnehmen des Kreuzes genannt wird... Bei weiter gebildetem Christentum sehen wir nun jenen asketischen Keim sich zur vollen Blüte entfalten, in den Schriften der christlichen Heiligen und Mystiker. Diese predigen neben der reinsten Liebe auch völlige Resignation, freiwillige gänzliche Armut, wahre Gelassenheit, vollkommene Gleichgültigkeit gegen alle weltlichen Dinge, Absterben dem eigenen Willen und Wiedergeburt in Gott, gänzliches Vergessen der eigenen Person und Versenken in die Anschauung Gottes... Aber wohl nirgends ist der Geist des Christentums in dieser seiner Entwicklung so vollkommen und kräftig ausgesprochen, wie in den Schriften der deutschen Mystiker, also des Meister Eckhard und dem mit Recht berühmten Buche ›Die deutsche Theologie‹, von welchem Luther, in der dazu geschriebenen Vorrede, sagt, daß er aus keinem Buche, die Bibel und den Augustin ausgenommen, mehr gelernt, was Gott, Christus und der Mensch sei, als eben aus diesem« (Welt, § 68).

Noch weiter entfaltet, konsequenter, vielseitiger und lebhafter ausgesprochen, stellt sich die »Verneinung des Willens zum Leben« in den uralten Werken der Sanskritsprache dar:

»In der Ethik der Hindus nun .. so sehen wir vorgeschrieben: Liebe des Nächsten mit völliger Verleugnung aller Selbstliebe; die Liebe überhaupt nicht auf das Menschengeschlecht beschränkt, sondern alles Lebende umfassend, Wohltätigkeit bis zum Weggeben des täglich sauer Erworbenen; grenzenlose Geduld gegen alle Beleidiger; Vergeltung alles Bösen, so arg es auch sein mag, mit Gutem und Liebe; freiwillige und freudige Erduldung jeder Schmach; Enthaltung aller tierischen Nahrung; völlige Keuschheit und Entsagung aller Wollust für den, welcher eigentliche Heiligkeit anstrebt; Wegwerfung alles Eigentums, Verlassung jedes Wohnorts, aller Angehörigen, tiefe, gänzliche Einsamkeit...« (Welt, § 68).

Widersprüchlich und aller Erfahrung zuwider ist natürlich, wenn Schopenhauer einerseits das Aufsichnehmen »überschwenglicher Schmerzen« rühmt, andererseits von der Erlösung sagt, sie sei »jener Friede, der höher ist als alle Vernunft, jene gänzliche Meeresstille des Gemüts, jene tiefe Ruhe, unerschütterliche Zuversicht und Heiterkeit, deren bloßer Abglanz im Antlitz, wie ihn Raffael und Corregio dargestellt haben, ein ganzes und sicheres Evangelium ist« (Welt, § 71, Schlußseite des Werkes). Sein Hauptsatz, der für beides gilt, lautet: »Wahres Heil, Erlösung vom Leben und Leiden ist ohne gänzliche Verneinung des Willens nicht zu denken« (Welt, § 68).

Man kann die Frage stellen, ob Schopenhauers eigenes Leben seiner Lehre entsprochen hat. Gewiß muß man diese Frage verneinen – es sei denn, man nimmt *einige* Aspekte aus seinen Erlösungswegen für sich: die Erlösung durch den Kunstgenuß, gewiß nur momentan, aber stets wiederholt, und sein Einsiedlerleben, wenn auch unter den Bedingungen aller Annehmlichkeiten der modernen Zivilisation, oder das Bemühen, als »reines Weltauge« die Dinge zu kontemplieren.[14] Aber vielleicht war es auch so gemeint, daß das bloße *Denken*, wie es in Wahrheit um die Welt steht, schon Erlösung ist. Nur so kann man sich vorstellen und begreifen, daß Schopenhauer in seinem Alter, als er noch erleben konnte, daß seine Philosophie bekannt, geachtet, ja von einigen begeistert aufgenommen wurde, sich der Tröstung und dem Glauben hingab, daß seine Lehren »als Religion anschlügen« und den leer gewordenen Platz des Glaubens einnehmen werden. Er kann ja nicht erwartet haben, daß alle zu Asketen werden. Aber in seinem Inneren dieses Bild von der Welt zu haben und mit diesem den Realitäten zu begegnen kann eine Erlösung bedeuten. Es »liegt allerdings ein gewisser Trost in der trostlosen Überzeugung, nicht zur Freude, sondern zum Leiden geboren zu sein; denn diese Lebensanschauung enthebt uns mit einem Schlage dem täglich erneuerten Schmerz der Illusionen und läßt uns jede kleine Freude als eine unverdiente Unterbrechung der traurigen Regel dankbar genießen« (Frommann, a.a.O., 83f.). Wenn der Optimismus die Enttäuschung zur Folge hat, so der Pessimismus ein Glücksgefühl, wenn es sich tatsächlich doch besser stellt.

Anklang an den christlichen Glauben ist bei Schopenhauer auch dies, daß er sieht und bemerkt, daß die Verneinung des Willens, die zur Erlösung führt, nicht durch Vorsatz und nicht durch einen klugen Kopf zu *erzwingen* ist. Die Selbstaufhebung des Willens geht von der Erkenntnis aus, Erkenntnis und Einsicht stehen aber nicht in der Willkür des Menschen. So ist jener Eintritt in die Freiheit, der in der Vernei-

[14] »In mancher Hinsicht trennt ein häßlicher Spalt seine Lehre und sein Leben. Er speiste im ersten Hotel Frankfurts und predigte asketische Abwendung von den Genüssen des Lebens; er lehrte die Jämmerlichkeit des Daseins und seiner Güter verachten und fürchtete sich ängstlich vor dem Verlust derselben. ... Auch in ihm war der Wille oft stärker als der Intellekt« (Hermann Frommann, Arthur Schopenhauer, Jena 1872, 84f.).

nung des Wollens liegt, nicht durch einen Willensentschluß und Vorsatz zu erzwingen, sondern »kommt daher plötzlich und wie von außen angeflogen. Daher eben nannte die Kirche sie *Gnadenwirkung*« (Welt, § 70). Hierin sieht Schopenhauer eine Analogie zur Rechtfertigungslehre, nach der »der Glaube allein selig macht« (ebd.), die Seligkeit durch keine Werke erzwingbar ist. Dieser Gesichtspunkt begrenzt die Gleichsetzung Schopenhauers von »Verneinung des Willens« mit Askese[15]; denn besonders die indische Askese ist »Leistungsreligion« im höchsten Maße; und es sind Werke, wenn auch Werke des Verzichtes, die zur Seligkeit führen sollen. Das unterscheidet Schopenhauer vom indischen Denken, daß er dessen Synergismus, dessen Erzwingenwollen der Seligkeit durch krampfhafte Willensanstrengungen nicht teilt. Er wußte, daß man den Willen nicht »mit Willen« abstellen kann, d. h. daß zur Ruhe und Erlösung zu finden Widerfahrnis und Gnade ist – denen man sich passiv hingeben muß.

Schließlich grenzt sich Schopenhauer dagegen ab, daß der Selbstmord eine Möglichkeit sei, in sich den Willen zum Leben zu verneinen. Er sei, im Gegenteil, »ein Phänomen starker Bejahung des Willens«. »Der Selbstmörder will das Leben und ist bloß mit den Bedingungen unzufrieden, unter denen es ihm geworden« (Welt, Anfang von § 69). Der Selbstmörder verneint nur sein konkretes Leben, nicht den Willen zum Leben; er verneint bloß das Individuum, nicht die species. »Die Verneinung hat ihr Wesen nicht darin, daß man die Leiden, sondern daß man die Genüsse des Lebens verabscheut« (ebd.).

Freilich hat Schopenhauer Verständnis für den Selbstmord; und er hat sich dagegen gewandt, den Selbstmord zu verpönen und zu kriminalisieren. Er sei eine Verirrung, aber nicht etwa ein Verbrechen.

»Vielmehr bin ich der Meinung, daß die Geistlichkeit einmal aufgefordert werden sollte, die Gründe darzulegen, aus welchen sie (in solchem Fall) unsere Freunde und Verwandte zu Verbrechern stempelt und ihnen das ehrliche Begräbnis versagt. Biblische Gründe gibt es nicht, und philosophische sind nicht stichhaltig, gelten überdies nicht in der Kirche. Also woher? ... Der Tod ist eine uns zu nötige letzte Zuflucht, als daß wir durch diese Machtsprüche der Pfaffen sie uns sollten nehmen lassen« (Parerga II, § 157).

Das hinter allen vorgebrachten und wenig stichhaltigen Gründen gegen den Selbstmord stehende eigentliche Motiv scheint ihm dies zu sein:

15 »Unter dem schon öfter von mir gebrauchten Ausdruck *Askesis* verstehe ich, im engeren Sinne, diese *vorsätzliche* Berechnung des Willens, durch Versagung des Angenehmen und Aufsuchung des Unangenehmen, die selbstgewählte büßende Lebensart und Selbstkasteiung, zur anhaltenden Mortifikation des Willens« (Welt, § 68).

daß jeder Selbstmord ein Zeugnis gegen den »obligaten Optimismus dieser Religionen«, der monotheistischen, darstellt. Das freiwillige Aufgeben des Lebens sei ein schlechtes Kompliment für den Gott, der alles »sehr gut« gemacht habe.

Fragt man noch einmal nach dem Verhältnis Schopenhauers zum christlichen Glauben,[16] dann darf man nicht nur das sehen, was Schopenhauer selbst vorbringt: Er gebe der wahren christlichen Ethik einen philosophischen Ausdruck (so wie Hegel die christliche Glaubenslehre philosophisch »auf den Begriff gebracht« zu haben vermeinte) – eben in seiner Ethik des Mitleides und der Weltentsagung. Was Schopenhauer in weite Distanz gerade zur christlichen Ethik stellt, ist sein mangelndes Verständnis für Gemeinschaft und Geselligkeit. Schopenhauer war Individualist, war Einsiedler und Eigenbrötler. Seine Ethik des Mitleides hebt nur *einen* Zug im Gesamtgeflecht der mitmenschlichen und gesellschaftlichen Beziehungen heraus. Es soll ihm auch nicht abgesprochen werden, selber in seinem Leben Verantwortung für den Nächsten wahrgenommen zu haben (er zog einmal auf einem seiner Spaziergänge einen Selbstmörder aus dem Main – mit Hilfe seines Spazierstockes und seines Pudels; und der junge Mann, ein Kaufmann, hat sein Bild, das Schopenhauer ihm gab, zum Dank bei sich bewahrt). – Aber zweierlei mutet vom christlichen Standpunkt aus doch bedenklich an: einmal dies, daß er in seiner Lebens- und Weltweisheit einen *Argwohn* dem anderen gegenüber empfiehlt, der das genaue Gegenteil von christlichem Ethos dem andern gegenüber darstellt. Sein Pessimismus bedeutete praktisch, jedem fremden Menschen, und auch bekannteren, mit Mißtrauen, Argwohn und Reserve zu begegnen und stets des Schlimmsten beim andern gewärtig zu sein. »Hütet euch vor den Menschen!« Das konnte freilich auch Jesus einmal sagen (Mt 10,17). Schopenhauer macht dieses Wort zum Prinzip. Er predigt die Autarkie des Menschen, das Unabhängigsein vom Mitmenschen. Auf niemanden angewiesen sein!

»Jedenfalls soll man sich sorgfältig hüten, von irgendeinem Menschen neuer Bekanntschaft eine sehr günstige Meinung zu fassen; sonst wird man, in den allermeisten Fällen, zu eigener Beschämung, oder gar Schaden, enttäuscht werden« (Parerga I, 506).

»Denn je mehr einer an sich selber hat, desto weniger bedarf er von außen und

16 Schopenhauer stand den fernöstlichen Religionen, der »Vedanta-Philosophie«, wohl näher als dem Christentum, jedenfalls diesem insgesamt und nicht nur in Gestalt der christlichen Mystiker. Das zeigt folgender Ausspruch: »Die Urweisheit des Menschengeschlechts (in der Vedanta-Philosophie) wird nicht von den Begebenheiten in Galiläa verdrängt werden. Hingegen strömt indische Weisheit nach Europa zurück« (Welt, § 63, Schluß).

desto weniger auch können die übrigen ihm sein. Darum führt die Eminenz des Geistes zur Ungeselligkeit« (Parerga I, 371).

»Ein paar Arabischer Maximen, welche besonders eindringlich und wenig bekannt sind, will ich noch hersetzen. ›Was dein Feind nicht wissen soll, das sage deinem Freunde nicht‹« (Parerga, 520).

»›Weder lieben noch hassen‹ enthält die Hälfte aller Weltklugheit: ›nichts sagen und nichts glauben‹ die andere Hälfte« (Parerga, 521).

Christliches Wissen um die Sündigkeit, ja Erbsündigkeit des Menschen hat nichts mit dieser Art Pessimismus zu tun. Es bedeutet nicht, stets seitens des andern des Schlimmsten gewärtig zu sein, sondern umgekehrt: bei sich selber mit Buße anfangen und eben in dieser Einstellung des Mißtrauens und Argwohns die Sünde sehen, das Unvermögen nämlich, den andern zu lieben.

Ähnlich das andere. Schopenhauer empfiehlt die Einsamkeit des Menschen; und er empfiehlt sie im Anraten von Autarkie. Der Mensch soll nicht von außen, von anderen *abhängig* sein. Aber kein Mensch ist in diesem Sinne autark, sondern jeder ist auf hundertfältige Weise von anderen Menschen abhängig und soll sich dies ins Bewußtsein heben – und daraus soll er auch ein Wissen um Bescheidenheit und Dankbarkeit anderen gegenüber in sich bewahren.

»Wie das Land am glücklichsten ist, welches weniger oder keiner Einfuhr bedarf; so auch der Mensch, der an seinem inneren Reichtum genug hat und zu seiner Unterhaltung wenig, oder nichts, von außen nötig hat; da dergleichen Zufuhr viel kostet, abhängig macht, Gefahr bringt, Verdruß verursacht und am Ende doch nur ein schlechter Ersatz ist für die Erzeugnisse des eigenen Bodens. Denn von andern, von außen überhaupt, darf man in keiner Hinsicht viel erwarten. Was einer dem andern sein kann, hat seine sehr engen Grenzen: am Ende bleibt doch jeder allein, und da kommt es darauf an, *wer* jetzt allein sei« (Parerga I, 373). »Das Beste und meiste muß daher jeder sich selber sein und leisten« (ebd., 374).

»Das Schicksal ist grausam und die Menschen sind erbärmlich. In einer so beschaffenen Welt gleicht der, welcher viel an sich selber hat, der hellen, warmen, lustigen Weihnachtsstube, mitten im Schnee und Eise der Decembernacht. Demnach ist eine vorzügliche, eine reiche Individualität und besonders sehr viel Geist zu haben ohne Zweifel das glücklichste Los auf Erden« (Parerga I, 374). (Vgl. hierzu Frommann, a.a.O., 69: »Das schöne Gleichnis von der Weihnachtsstube, ach, auf Schopenhauers Häuslichkeit paßt es nicht. Wohl war es hell in der Wohnung des Philosophen, aber zu einer Weihnachtsstube gehört mehr als ein brennender Tannenbaum; wenn sie lustig sein soll, muß sie wiederklingen vom Jubel fröhlicher Kinderstimmen, und warm wird sie nur durch den Segen eines glücklichen Familienlebens. Das hat Schopenhauer nie gekannt.«)

»*Geselligkeit* gehört zu den gefährlichen, ja, verderblichen Neigungen, da sie uns in Kontakt bringt mit Wesen, deren große Mehrzahl moralisch schlecht und intellektual stumpf oder verkehrt ist. Der Ungesellige ist einer, der ihrer nicht bedarf. An sich selber so viel zu haben, daß man der Gesellschaft nicht bedarf, ist schon deshalb ein großes Glück, weil fast alle unsere Leiden aus der Gesellschaft entspringen« (Parerga I, 475).

V. Heutige Theologie am Beispiel Karl Barths

Am Beispiel Karl Barths soll die Stellung der heutigen Theologie zum Thema »Sünde und Übel« und zum sogenannten Theodizeeproblem vorgestellt werden. Hierbei soll anmerkungsweise auch die Gegenkonzeption zu ihm, die Theologie Tillichs, in den Blick kommen. Aber wir sehen beide Theologien, die Theologie der »guten Schöpfung« und die Theologie der »gefallenen« (bzw. »entfremdeten«) Welt, Barth und Tillich, nicht eigentlich im Gegensatz zueinander, sondern in einer gewissen Komplementarität. So kann im Blick auf Barth, und diesen in seiner Polarität zu Tillich gesehen, doch ein Ganzes in den Blick treten.

Karl Barth sieht das Wesentliche und Spezifische an der Schöpfungslehre in dem Gen 1 mehrfach wiederkehrenden Satz: »Und Gott sah, daß es gut war«, sowie in der Zusammenfassung dieser Urteile in V. 31: »Und Gott sah alles an, was er gemacht hatte, und siehe: es war sehr gut« (KD III/1, 377ff.). Nicht Spekulationen über Ursprünge und Anfänge, sondern diese *Wertung* der Welt als des menschlichen Lebensraumes – das ist der christliche Schöpfungsglaube, der damit gegen jede Art Tragik und Pessimismus steht. Damit entscheidet sich Barth an der Alternative Leibniz – Schopenhauer ganz klar für Leibniz. Und er sieht den Gegensatz, der zwischen diesen beiden Philosophien besteht, darin, daß Leibniz als Christ *von Gott* ausgeht, während Schopenhauer die Welt ohne Gott erklären will.

»Die Schöpfung, von der Gott ausgeschlossen ist, *kann* für ein aufrichtiges Auge nur eine üble Schöpfung sein. Und deren Urheber – der Mann, der sich jener Willkür schuldig macht, an Stelle Gottes selber der Schöpfer sein zu wollen – kann keinen dringenderen Wunsch haben als daß er, sein eigenes Geschöpf, als das aus dem Nichts hervorgegangene Nichtige so schnell und gründlich wie möglich in das Nichts zurückkehren und so sich selber erlösen ... möchte. Es ist Schopenhauers Verdienst, dies unverhüllt gesehen und ausgesprochen zu haben. Sein ›Pessimismus‹ ist von seiner Voraussetzung aus nicht zu widerlegen« (KD III/1, 389).

Natürlich weiß Barth um die Spannung, die zwischen der »gut« von Gott geschaffenen Schöpfung und der Sünde, dem Übel und dem Dämonischen besteht. Aber die Schöpfung für erlösungsbedürftig zu halten, eine neue Schöpfung zu erwarten heißt nicht, die uns gegebene in asketischer Enthaltsamkeit zu boykottieren (Barth gegen Marcion, s. KD III/1, 382f.), sondern: nichts in ihr zu *vergötzen*; Gott ihr *gegenüber* zu wissen heißt: diesem »gut« auch zu glauben und nicht der »Lüge« der »Schlange« zu erliegen, Gott wolle *nicht* das Wohl des Menschen. Ein anderes ist, daß die Welt »gut« ist, und ein anderes, ob sie dafür gehalten wird. Aber auch, wenn dies nicht geschieht, »die gute Schöpfung Gottes hält durch« (KD IV/2, 556, vgl. KD III/2, 166f.). In ihren natürlichen Grenzen und Schranken gesehen, ist die Schöpfung nicht gefallen, sondern nur der Mensch, der ihr Gutsein nicht wahrhaben will.

»›Alles von Gott Geschaffene ist *gut* und nichts ist verwerflich – wenn es mit Danksagung empfangen wird.‹ (1. Tim. 4,4). Aber eben daran fehlt es ja! Die seelischen und leiblichen, geistigen und sinnlichen Funktionen, in denen sich des Menschen böse Taten vollziehen, könnten als Funktionen des reinen Menschen rein sein (Tit. 1,15). Und an sich und als solche sind und bleiben sie es auch. Die gute Schöpfung Gottes hält durch ... In ihm (im Menschen) ... wird erst böse, was an sich und als solches nicht böse wäre: das psychische und physische Geschehen, in welchem sich des Menschen Taten vollziehen« (KD IV/2, 556, vgl. KD IV/3, 796ff.).

In seiner Schöpfungslehre, im Bande KD III/1, geht Barth auf Leibniz und dessen Optimismus ein – und *bejaht* ihn »der *These*« nach, d. h. unter Ersetzung der vorwiegend vom *Gottes*begriff ausgehenden Begründung durch eine »christologische« Begründung.[17]

»Auch wir haben also fraglos einen bestimmten ›Optimismus‹ vertreten und werden uns der Nachbarschaft, in der wir uns nun entdeckt haben, ob sie uns gefalle oder nicht, auf keinen Fall einfach schämen dürfen. Es gibt merkwürdigerweise in der ganzen Geistesgeschichte kaum ein Votum, das im Wortlaut der *These* – nimmt man diese für sich – in dieser Sache mit dem christlichen Votum so nahe zusammenklingt wie das des Optimismus des 18. Jahrhunderts. Man muß anerkennen: Hier lebte eine in ihrer Art siegreich durchgehaltene *Zuversicht*, daß die Geschöpfwelt so, wie sie ist, recht ist. Hier wurde gründlich und umsichtig versucht, sie unter dieser Voraussetzung *ernst* zu nehmen. Hier wurde der *Zweifel* an dieser Voraussetzung so behandelt, wie er formal gerade nach christlicher Lehre behandelt werden muß: als eine Haltung, die ernstlich und letztlich kein eigenes Wort haben, die auf keinen Fall zur Negation sich verdichten, auf keinen Fall verabsolutiert werden darf, weil sie von einem höheren Ort her schon Lügen gestraft und überwunden ist. Hier – man bedenke: kaum hundert Jahre nach den Greueln und dem Elend des 30jährigen Krieges! – wurde ein in seiner Art kräftiges, jedenfalls beharrliches und nun gerade nicht nur abstraktes, sondern konkretes, nicht nur allgemeines und unverbindliches, sondern direkt auf die vielfältige Wirklichkeit der Geschöpfwelt bezogenes *Lob des Schöpfers* angestimmt und durchgesungen – und das in einer Aufmerksamkeit und mit einer oft geradezu rührenden Dankbarkeit, die so viel Unaufmerksamkeit, so viel Ressentiment und Indifferenz, so viel blanker Blindheit und Urkunde anderer Zeiten, die z. B. dem hämischen Grinsen

17 Daß auch Leibniz von Christus her denkt, zeigt der § 49 der Causa Dei: »Der wichtigste Grund jedoch für die Wahl der besten Weltordnung (dieser nämlich, in der wir leben) war Christus, der Gottmensch.«

Voltaires gegenüber noch immer im Recht und vorbildlich sein dürfte. Man kann nicht leugnen, daß Leibniz und alle seine stärkeren und schwächeren Nachfahren ›*frohe*‹ Botschaft verkündigt und sich insofern jedenfalls in formaler *Affinität* zur Verkündigung des Evangeliums befunden haben. Es wird wohl kein Zufall sein, daß gerade dieses Jahrhundert schließlich die beste *Musik* aller bisherigen Zeiten hervorgebracht hat: *J. S. Bach* und *G. Fr. Händel*, *Gluck* und *Haydn* und *W. A. Mozart*, den Unvergleichlichen. Und von hier ist auch sonst ein ganzer Strom von naiver *Lebensfreude* ausgegangen, von der wir alle bis auf diesen Tag jedenfalls auch leben und die grundsätzlich zu diskreditieren sicher sehr unangebracht wäre« (KD III/1, 464f.).

So bekennt sich Barth zum klassischen Philosophen des Optimismus, G. W. Leibniz, und zu seiner These: Unsere Welt ist die beste aller möglichen Welten. Denn: Gäbe es eine bessere Welt als diese, so hätte Gottes Weisheit sie erkennen, seine Güte sie wollen und seine Allmacht sie erschaffen müssen (KD III/1, 447). Sie kann freilich nicht ohne Übel sein; denn wäre sie vollkommen, dann wäre sie Gott gleich, ja Gott selbst und keine *Geschöpf*welt. Aber alle Unvollkommenheiten *dienen* ihrer Vollkommenheit, indem sie nötige Kontraste, Antriebsmittel o. ä. sind.

Die Stärke dieser Konzeption liegt darin, kommentiert Barth, daß sie – in philosophischer Art – durch schlußfolgerndes Denken begründet ist und damit unabhängig ist von empirischen Einzelbelegen. Wir sind hiernach wohl unvermögend zu erkennen, *warum* Gott die Welt gerade so, wie sie ist, als die beste gewollt hat und *inwiefern* sie die beste ist. Aber *daß* sie die beste ist, daran haben wir nicht zu zweifeln, eben im Blick auf Gottes Weisheit, Güte und Allmacht.

In der zweiten Generation nach Leibniz hat man nun doch das *Inwiefern* sehr genau einsehen zu können geglaubt. Und es ist dies nicht nur als »Verflachung« zu beurteilen. Denn das philosophische Programm mußte irgendwie zur Ausführung im einzelnen drängen. Zur philosophischen Konzeption mußte der einzelwissenschaftliche Beleg hinzutreten. Insofern sind die Epigonen nur konsequent gewesen (KD III/1, 469, vgl. 454 unten). Aber bei der Entfaltung dieser Konsequenz tritt dann doch sehr bald der Unterschied zwischen dem weltanschaulichen Optimismus und dem christlichen Glauben an das »Gut« der Schöpfung zutage.

Worin liegt dieser Unterschied?

Einmal in folgendem: Der christliche »Optimismus« ist nicht Rückschluß von der *uns* »gut« erscheinenden Welt auf einen dieser Güte entsprechenden Weltschöpfer, sondern umgekehrt der Schluß von Gottes *in Christo offenbarter Güte* (also auch nicht einfach von einer für Gott postulierten Güte) auf einen guten Endzweck von allem, was in der Welt geschieht (selbst des Bösen – »Nichtigen« – in ihr, KD III/3, 425).

Es ist vor allem Christian Wolff gewesen, der im wesentlichen nicht von Gott, sondern vom Menschen aus argumentiert hat: »Der beseelte Mensch und die geordnete Welt werden von ihm zuerst als komplett erwiesen; dann erst erweist es sich als notwendig oder doch als wünschenswert, das Ganze durch die Lehre von Gott als dem Erfinder und Hersteller jenes kompletten Uhrwerkes des Ganzen zu krönen, und man kann sich fragen, ob es, so komplett es in sich selber ist, dieser Krönung nun eigentlich durchaus bedurft hätte. Immerhin spät kommt sie, doch sie kommt. Bei den Popularisatoren tritt sie dann wenigstens rhetorisch als die angestrebte und nicht oft und feurig genug zu nennende Spitze ihrer Weltbetrachtung und im Zusammenhang jener moralischen Apostrophen wieder mehr in den Vordergrund. Es besteht doch zwischen dem hundertfach stattfindenden Anrufen und Ausrufen des göttlichen Namens und einer gewissen heiligen Überflüssigkeit der damit bezeichneten Instanz auch hier ein nicht recht zu klärender Widerspruch. Der *Atheismus*, der Alles, was die Optimisten wissen, *auch* weiß und der den ›allmächtigen und weisen Schöpfer‹ dennoch zu *entbehren* weiß, liegt irgendwo lauernd auch vor ihrer Türe, und die gewisse Aufregung, in der seine Vertreter immer wieder ausgezankt werden müssen, zeigt, daß man selber der Vollkommenheit der Welt, der Kunstfertigkeit der Ameisen und Bienen, der Kugelgestalt der Erde, der Annehmlichkeit einer warmen Stube im Winter, der Vortrefflichkeit der schweizerischen Milchprodukte usw. jedenfalls *unmittelbarer* gewiß ist als jener als Grund von dem allem immer wieder zitierten so ganz anderen Figur« (KD III/1, 470).

Der andere wesentliche Unterschied zwischen der biblischen Bejahung der Schöpfung und dem weltanschaulichen Optimismus liegt darin, daß der weltanschauliche Optimismus dem Menschen nur als Gesetz, aber nicht als Evangelium verkündigt werden kann. Das heißt: Der Optimismus des 18. Jahrhunderts ist im Grunde ein Gebot, ein Postulat, eine Aufforderung an den Menschen, sich sein Dasein vernünftig einzurichten. Und er steht und fällt mit der Fähigkeit des Menschen, dies tun zu können. »Ihm hilft Gott tatsächlich nur, wenn und sofern er sich selber hilft« (KD III/1, 472).

»Indem er zuversichtlich an sich selbst glaubte, indem er seine fünf Sinne, seinen räsonierenden Verstand, sein empfindendes Gemüt für den allein vorhandenen und sicheren Wegweiser hielt, wagte es der optimistische Mensch ..., Gut und Böse, Heil und Unheil, Leben und Tod nicht nur zu unterscheiden, sondern auch zu koordinieren, die Überlegenheit des Einen über das Andere, den Sieg des Lichtes über die Finsternis zu konzipieren und zu verkündigen und so den Stein von des Grabes Türe zu wälzen« (KD III/1, 472).

»Das Dasein ist vernünftig, wenn und sofern er selber vernünftig ist. Mit dem Zweifel an sich selbst müßte sich der Abgrund auftun. Man versteht von hieraus die wie auf Draht gezogene Bürgerlichkeit, die steife Korrektheit, die seinem inneren Absolutismus wenig entsprechende äußere Gebundenheit, die künstliche Würde der Haltung des so instruierten Menschen. In dem Allem verrät sich ganz schlicht die *Angst*, die jenem im Grunde gottlosen Selbstvertrauen und seinem Wagnis notwendig zur Seite gehen muß ... Der christliche Satz von der Rechtfertigung der Geschöpfwelt ist von der Angst darum nicht bedroht, er braucht sich auch lebensmäßig darum nicht so zu versteifen, weil er mit jenem Selbstvertrauen *nichts* zu tun hat. Er bezieht sich ja eindeutig auf die Entscheidung des Schöpfergottes ... Auf *seine offenbarte* Entscheidung hin wird im christlichen Glauben Ja gesagt zur Welt, jenes Ja, das auch das Nein ernst nimmt und in sich schließt, eben so aber auch überwindet und hinter sich läßt« (KD III/1, 472f.).

Zu eben diesem Letzteren, also auch die »Schattenseite« des geschöpflichen Daseins ernst zu nehmen, war aber der Optimismus des 18. Jahrhunderts im allgemeinen gerade nicht imstande:

»Der steinerne Gast fehlt völlig; die Champagnerarie wird – sehr bürgerlich, honett und religiös, aber nur um so nachdrücklicher und unentwegter – weiter gesungen. Aus dem Anblick des da draußen vom Schneesturm und Frost Geplagten zieht der ihm von der warmen Stube aus Zuschauende doch nur die Lehre, wieviel Anlaß er doch habe, Gott für die ihm geschenkte Bequemlichkeit dankbar zu sein« (KD III/1, 467).

War aber das menschliche Selbstvertrauen die Basis, so mußte sich jener Optimismus auch eines Tages wieder in Frage stellen lassen. Mit dem Erdbeben zu Lissabon (1755) beginnt der Umschwung. Und der äußerliche Höhepunkt jenes lebensfrohen 18. Jahrhunderts brachte zugleich das Ende und den Absturz in nie geahnte Tiefen: die Französische Revolution, die so triumphal begann und dann eine Periode des Schreckens über ganz Europa brachte.

»Der nächste Meilenstein in der Geschichte der Philosophie nach Leibniz trägt den Namen *David Hume*. Das Leben und Werk von *Rousseau*, der die Güte der Natur und des Menschen noch immer nicht genug preisen kann, ist faktisch eine einzige große Klage und Anklage gewesen. Und in *Voltaire* beginnt der Typus des zwischen Heiterkeit und Bitterkeit balancierenden Neutralen ... Bis dann *Kant* (nach Goethes verdrießlichem Urteil) ›seinen philosophischen Mantel, nachdem er ein langes Menschenleben gebraucht, ihn von allerlei sudelhaften Vorurteilen zu reinigen, freventlich mit dem Schandfleck des radikalen Bösen beschlabbert‹ hat. Und bis dann nach dem Aufstieg und der Überwindung auch des idealistischen Optimismus der Hegelzeit die Welt theoretisch und praktisch in einem Maße zur Weltmaschine oder Maschinenwelt wurde, vor dem vermutlich sogar der vergnügte Wolff mit seinem vergnügten Gott erschrocken wäre, und die man sich schließlich beim besten Willen nicht mehr als die beste aller Welten zurechtlegen konnte« (KD III/1, 465f.).

Was folgert Barth aus dieser Phänomenbeschreibung? Nur aus der Erkenntnis Jesu Christi (wie im § 49 der Causa Dei[18], auf den Barth eingeht, ohne hier das tatsächliche Zentrum der Leibnizschen Theodizee zu erblicken, KD III/1, 475) kann man »Optimist« sein. Der philosophische, weltanschauliche Optimismus ist seiner pessimistischen Gegenthese gegenüber letztlich immer im Nachteil. Und nicht nur logisch und ge-

[18] Vgl. o. Anm. 17.

danklich pflegt er über kurz oder lang in sein Gegenteil umzuschlagen. Es waltet ein Rhythmus in der Geschichte, kraft dessen auf Katastrophenzeiten wie die des Dreißigjährigen Krieges Zeiten ausgelassener Freude und bürgerlichen Wohlbehagens folgen, um sich ihrerseits ablösen zu lassen von einer Stimmung der Leere und der Sorge.

Nicht dieses Hin und Her von Ebbe und Flut – wie es jeder auch in seiner kleinen Welt und bei sich persönlich kennen wird – kann die Basis des christlichen Glaubens an das »Gut« der Schöpfung sein. Der christliche Glaube ist nicht auf Stimmungen gegründet – weder auf die bestimmter Epochen noch auf die gewisser Menschentypen –, sondern auf Einsichten (vgl. KD III/1, 435), und zwar vor allem auf die Einsicht, daß nicht irgendein Gott oder Prinzip die Welt und den Menschen hervorgebracht hat (aus Zufall und völlig unverbindlich hinsichtlich ihres weiteren Ergehens), sondern daß die Welt in planvoller Absicht geschaffen wurde und folglich Bestand haben wird. Und zwar dazu: damit der Mensch »dabei sein« darf, wenn sich Gott in ihr verherrlicht (KD III/2, 219).

Aber es gibt in der Welt nicht nur Ordnung und Harmonie, nicht nur Zweckmäßigkeiten und sinnvolle Entfaltung. Wenigstens erscheint uns vieles auch als sinnlos, als Spiel des Zufalls, ja als Chaos. Und: Was ist es mit dem Bösen, mit der Sünde und dem Übel in der »guten Schöpfung«?

Hier ist entscheidend, daß Barth von vornherein erklärt: Nicht alles, was uns als Übel erscheint, als Sorge, Not und Leid, ist tatsächlich jenes Übel, von dem es im Vaterunser heißt: »Erlöse uns von dem Bösen!« Viele sogenannte Übel liegen im Wesen der menschlichen Geschöpflichkeit und gehören zu Gottes »gut« geschaffener Schöpfung. Sie entsprechen etwa dem, was bei Leibniz das »metaphysische Übel« heißt, reichen allerdings auch weit in dessen »physisches Übel« hinein.

Die Sünde ist fraglos nicht nur eine moralische Angelegenheit (das »moralische Übel«), sondern zugleich ein physisches Übel (KD III/3, 353f.). Sie hat Leid, Not und Tod zur Folge, und in dieser Gesamtheit spricht Barth von ihr als dem Nichtigen. Nichtsdestoweniger sind Leid, Not und Tod als solche *nicht* das Böse, sondern die »Schattenseite« von Gottes (auch hierin) »gut« geschaffener Schöpfung (KD III/3, 334f.). Des Menschen Unglaube *macht* dies erst zum Bösen und zur Sünde, indem er der »Lüge« verfällt, daß wir in unseren natürlichen Schranken nicht auch von Gott »getragen, gehalten und wohl aufgehoben« seien (KD III/3, 621). Unsere natürlichen Schranken nicht für gut zu halten, hierin nur die Fessel eines neidischen und eifersüchtigen Gottes zu sehen und hiergegen zu rebellieren wie Prometheus gegen Zeus, das ist die Sünde, in ihrer Wurzel also das Erliegen der Lüge über Gottes Wesen und Wollen (als sei er nicht der gütige Vater, der den Menschen will). »Das Nichtige ist die Lüge« (KD III/3, 618, vgl. Joh 8,44).

Zunächst eben die Lüge, daß die Schattenseite der Schöpfung selbst und als solche das Böse wäre.

»Es gibt wie eine Licht- so auch eine *Schattenseite*, wie einen positiven, so auch einen *negativen* Aspekt der Geschöpfwelt und des geschöpflichen Geschehens (vgl. KD III/1 § 42,3). ... Das Ende aller Dinge in der Wiederkunft Jesu Christi als des Herrn und Hauptes alles dessen, was Gott geschaffen hat, wird auch das offenbaren: daß alles Geschaffene nach seiner Licht- *und* nach seiner Schattenseite, nach rechts *und* nach links sehr, sehr gut, daß es überaus herrlich gewesen ist.

Es ist schwer, gegen jene *Verleumdung* der Schöpfung vorzugehen, weil sie so alt, so vielgestaltig, so zähe ist. Aber zunächst einmal gegen diese Verleumdung muß vorgegangen, gegen sie kann gar nicht scharf und nachdrücklich genug protestiert werden. Es ist wahr, daß es in der Schöpfung nicht nur ein Ja, sondern auch ein Nein gibt: nicht nur Höhen, sondern auch Tiefen, nicht nur Klarheiten, sondern auch Dunkelheiten, nicht nur Förderung und Fortgang, sondern auch Hemmung und Begrenzung des Lebens, nicht nur Wachstum, sondern auch Abnehmen, nicht nur Reichtum, sondern auch Armut, nicht nur Lieblichkeit, sondern auch Düsternis, nicht nur Anfänge, sondern auch Abschlüsse, nicht nur Werte, sondern auch Unwerte. Und es ist wahr, daß es im Dasein des Geschöpfes und insbesondere des Menschen neben hellen auch dunkle Stunden, Tage und Jahre gibt, neben Gelingen auch viel Mißlingen, neben dem Lachen auch das Weinen, neben dem Jungsein auch das Altwerden, neben Gewinn auch Verlust, neben und nach dem Geborenwerden auch das plötzliche oder langsame, aber so oder so sichere Sterbenmüssen. Und es ist wieder wahr, daß die Anteile, die die einzelnen Kreaturen und Menschen an dem allem haben, sehr ungleich, nach einer sehr wunderlichen oder, sagen wir besser: nach einer sehr verborgenen Gerechtigkeit verteilt sind. Es ist aber noch wahrer, daß eben die gute Schöpfung, das gute Geschöpf, auch darin *gut* ist, daß alles, was ist, in diesem Unterschied und Gegensatz ist« (KD III/3, 334ff.).

Auch vom Tode sagt Barth, daß er als die natürliche Befristung des menschlichen Lebens an und für sich zu Gottes »gut« geschaffener Schöpfung gehört.

Jedoch: Ist der Tod nicht der Sünde Sold? Freilich ist der Tod der Sünde Sold, aber der *faktisch* uns begegnende Tod. »Man kann und muß ... sagen, daß der Tod, wie er uns faktisch begegnet, das *Zeichen* dieses Gerichtes ist. Das will sagen: er ist dessen höchst reale und vollständige *Ankündigung* und *Darstellung*. Er hat, indem er unser Leben begrenzt und insofern zu ihm gehört, alle Merkmale dieses Gerichtes ... Weniger als das darf man nicht sagen. Anders denn als Zeichen des *Gerichtes* Gottes kann und darf man den Tod, wie er uns begegnet, nicht verstehen« (KD III/2, 726). Wir dürfen ihn nicht bagatellisieren. Er ist gar sehr zu fürchten, und es ist nichts damit, daß er nur »des Schlafes Bruder« oder sonstwie unser Freund oder gar ein Erlöser sei. »Das sind Redensarten, die in ihrem Unernst vor der Wirklichkeit nur zerplatzen können wie Seifenblasen. Das natürliche menschliche Sein wehrt sich gegen sein Ende – vielleicht nicht notwendig gegen sein Ende an sich, aber jedenfalls gegen das Ende, das wir von unserer Sünde und Schuld her allein vor Augen haben können« (KD III/2, 727). »Den sündigen und schuldigen Menschen« muß der Tod »seiner Nichtigkeit gegen Gott« überführen. Und dies »im Auftrag und Dienste Gottes« (KD III/2, 740). »Vom Tod, wie er uns faktisch begegnet, kann man also gewiß nicht sagen, daß er zu der von Gott geschaffenen und darum guten Natur des Menschen gehört« (KD III/2, 726).

Aber: »Die Identität von Sterben und Todesgericht« (KD III/2, 766) ist eine faktische, keine notwendige. An sich ist durchaus zu unterscheiden »zwischen Ende und Fluch, Sterben und Strafe, Tod und Todesgericht« (ebd., 769). »Das bedeutet: Es gehört *auch* zu des Menschen Natur, es ist *auch* Gottes Schöpfung ..., daß das Sein des Menschen in der Zeit *endlich*, daß der Mensch *sterblich* ist ... Der Tod ist nicht an sich das Gericht und auch nicht an sich und als solcher das Zeichen des Gerichtes Gottes; er ist es doch nur *faktisch*. Und so ist er auch nicht an sich und als solcher, nicht notwendig, sondern nur *faktisch* zu fürchten« (ebd., 770).

Indem die »Schattenseite« der Schöpfung bis in den Tod hinein ausgedehnt ist, ist der Bereich des *Nichtigen*, des Bösen, des Dämonischen stark eingeengt bzw. konzentriert. Aber auf was? Es ist nicht leicht, die besondere Kategorie zu finden, die uns sagt, was Barth unter dem Nichtigen eigentlich versteht.

Doch bisher ergibt sich dies: Voraussetzung aller christlichen Lehre vom Bösen und von der Sünde ist, das Böse nicht zu verwechseln (auf jeden Fall nicht einfach gleichzusetzen) mit der »Schattenseite« der Schöpfung, ihrem »negativen Aspekt« (KD III/3, 336). Denn damit werden wir blind für das eigentliche Wesen des Bösen (des Chaos, des »Nichtigen«). Es gehört zur Dämonie des Nichtigen, sich in diesen seinen Verwechslungen zu tarnen und mit diesen (als »natürlich«) entschuldigen zu lassen (KD III/3, 339).

Wo ist das Nichtige eigentlich zu sehen? Barth bespricht im Verfolg dieser Frage alsdann die Philosophie Heideggers und Sartres, und zwar deswegen, weil beide im Kern ihrer Philosophie vom Nichts sprechen und es so aussieht, als hätten sie – auf dem Hintergrund chaotischer und fast apokalyptischer Zeiten – etwas von dem geahnt und erfaßt, was Barth als das wirklich Nichtige meint. Aber es sieht doch nur so aus. Sartre mag das Nichtige wirklich geschaut und erlebt haben, aber die Art, wie er mit ihm fertig zu werden sich anschickt (indem er einfach den Menschen vor Illusionen warnt und auf sich selbst verweist), zeige doch, daß er das Nichtige als das eigentlich und wirklich Böse nicht begriffen hat (KD III/3, 398ff.).

Auch Heidegger redet viel vom Nichts, und nicht nur im rein theoretisch-philosophischen Sinne; denn es soll nicht nur unser Denken (unser theoretisches Verneinen), sondern auch unsere Existenz bestimmen. Es offenbart sich auch in der Angst. Aber wie kann es etwas Angsterregendes sein, wenn es im Grunde als eine positive, schöpferische, ja göttliche Größe verstanden wird! (Heidegger hat zwar die Existenz Gottes nicht so ausdrücklich geleugnet wie Sartre, aber doch faktisch damit, daß er sein »Nichts« genau so mit den herkömmlichen Gottesattributen ausgestattet hat wie Sartre den Menschen seines Verständnisses, s. KD III/3, 395.)

Für Heidegger ist »das Nichts keine furchtbare, keine scheußliche, keine finstere, sondern eine fruchtbare, eine heilsame, eine lichterfüllte und Licht ausströmende Tiefe« (KD III/3, 400). Der Begriff Nichts kann auch – wie bei Hegel – ausgewechselt werden durch den Begriff des Seins. Aus dem »Nichten des Nichts« kann das »Lichten des Seins« werden und aus dem Dasein als *Hinein*gehaltensein in das Nichts das ekstatische exsistere, d. h. die Existenz als »Hinaustreten in die Wahrheit des Seins« (KD III/3, 401). Diese Wendung des späteren Heidegger, derzufolge alle Konsequenzen aus seiner älteren Lehrform, die in Richtung Sartre, in Richtung zu Nihilismus, Agnostizismus und einer Erschütterung aller Werte und alles Heiligen gezogen worden sind, für falsch erklärt werden, diese Wendung, die aus dem Nichts das Sein macht (aus der Heimatlosigkeit des Existierens nun doch wieder eine »Existenz« mit festen Formen und überindividuellen Werten), erlaubt (in der Sicht Barths) nur zwei Deutungsmöglichkeiten: Entweder hat dieses Nichts mit Barths Nichtigem als dem eigentlich Bösen gar nichts zu tun (denn das Böse und die Sünde lassen sich nicht im Handumdrehen in Gott uminterpretieren und die Angst nicht in Ruhe, Gelassenheit oder Verwegenheit, KD III/3, 401). Oder eben: Heidegger gibt – von hoher Warte aus, vergleichbar Hegel und Heraklit – auch dem Bösen einen schöpferischen Sinn.

Aber jetzt ist die Frage um so dringender geworden: Was ist das Nichtige als das Böse, was ist es, wenn es mit der Schattenseite der Schöpfung nicht identisch sein, sondern nur an sie angrenzen (KD III/3, 335) soll? Wie verhält es sich zu ihr? (vgl. ebd., 340).

»Das Nichtige ist die Lüge! Als solche existiert es, hat es etwas wie Substanz und Person, Vitalität und Spontaneität, Gestalt, Macht und Tendenz. Als Lüge begründet und organisiert es sein Reich. Und die Dämonen sind seine Exponenten, sind seine tausendfachen und tausendförmigen Lügenkräfte« (KD III/3, 618). Aber die Wahrheit Gottes erledigt die Lüge und stellt sie damit als das Nichtige dar.

»Sie macht den Teufel und alle Teufel sichtbar als das, was sie sind. Sie zeigt sie als *Versucher*, die uns *fälschlich* einflüstern, es gebe etwas Besseres als den Gehorsam, zu dem wir durch Gottes Wort und Werk aufgerufen und befähigt sind. Sie zeigt sie als *Ankläger*, die uns *fälschlich* beschuldigen und verklagen, wo wir uns doch durch Gottes Wort und Werk trotz allem, was gegen uns sprechen mag, mit getröstetem Gewissen auf den rechten Weg gestellt sehen. Sie zeigt sie als *Tyrannen*, die *fälschlich* vorgeben, das Recht und die Macht zu haben, uns zu ihren Gefangenen und Sklaven zu machen: zu Puppen, die an ihrem Draht tanzen sollen, wo wir doch durch Gottes Wort und Werk in die Freiheit seiner Kinder versetzt sind. Sie zeigt sie als *Klagegeister*, die fälschlich in Trauer versetzen, fälschlich den Humor nehmen wollen, indem sie uns einreden, daß die natürlichen Schranken unserer physischen und psychischen Existenz Bedrängnis, Fluch und Elend seien, wo wir doch durch Gottes Wort und Werk in diesen unseren Schranken getragen, gehalten und wohl aufgehoben sind. Sie zeigt sie als *Poltergeister*, die uns *fälschlich* in Alarm versetzen, wo wir es auf Grund des Wortes und Werkes Gottes gänzlich und gründlich mit der Ruhe haben dürften« (KD III/3, 620f.).

Also: Nicht unsere natürlichen Schranken als solche sind das Böse und etwa Folgen der Sünde (vgl. KD IV/2, 247). Sondern dies ist das Böse: auf Grund dieser Schranken an Gottes Güte und an seinem Willen zum Menschen irre zu werden. Und: das Gute – und alles ist gut – nicht mit *Dank* zu empfangen und damit nicht als gut gelten lassen zu wollen, das ist die Sünde (KD IV/2, 556). Und sie führt dann dahin, daß der Mensch es besser machen will und damit sich anschickt, die Schöpfung zu korrumpieren und zu verwirtschaften. Aber das heißt nicht, daß wir alle faktische Bosheit in der Welt übersehen sollen. Vielmehr bedeutet alles Gesagte dies: So wie man die Welt *sieht*, so *ist* sie einem auch. Wer die Welt nur als böse sieht, wird ihr seinerseits auch nur mit Bosheit entgegentreten. Wer sie als gut sieht, ist befreit von der »Lüge«, nur mit Bosheit etwas ausrichten zu können (KD IV/3, 540).

»Eben mit diesem durch seine Lüge provozierten, ihr entsprechenden verkehrten *Bild* muß der Mensch nun aber *leben*. Wie er die Dinge *sieht*, so *sind* sie: gewiß nicht an sich, wohl aber *für ihn*, so muß er sie haben und erfahren, so wirken sie auf ihn. Das verkehrte Bild hat als solches Realität und Gewalt über den, der es durch seine Lüge provoziert. Es beherrscht, es bestimmt, es begrenzt, es charakterisiert sein Dasein. Er muß die Welt und sich selbst nun in der Entstellung, Verzerrung, Verkehrung haben und erfahren, in der sie und er selbst sich ihm in jenem Bilde darstellen. Er existiert nun in einer seiner objektiven Wirklichkeit fremden, ihr widersprechenden subjektiven Wirklichkeit: immer noch der von Gott gut geschaffene und mit Gott versöhnte Mensch, von Gott auch so nicht fallen gelassen, seiner Macht und Barmherzigkeit auch so nicht entrückt, aber offenbar als von Gott gestrafter Mensch: als Mensch, der sich, seiner Lüge entsprechend, in einer verlogenen, seiner Fälschung entsprechend, in einer falschen Situation befindet: ein verzauberter Mensch in einer verzauberten Welt« (KD IV/3, 540).

Dieses Zitat zeigt, daß Barth zwar das Böse im (Inter-)Subjektiven, Gesinnungsmäßigen, im Quasi-Psychologischen, in der Optik des Menschen lokalisiert, aber zugleich von diesem Subjekt sagt, daß es eine ungeheure Macht ist und Realitäten schafft. Damit wird das Böse – für den einzelnen – doch zu etwas Objektivem, einer Struktur, in die der einzelne hineingesaugt wird. Aber es ist eine Objektivität doch »von unten« (vom Menschen) her, nicht »von oben«, nicht von Gott und der Schöpfung her und insofern keine zum Wesen der Welt gehörende Objektivität, keine tragische Ausweglosigkeit.

An dieser Stelle mag ein kurzer Blick auf Tillich stehen. Tillich lehrt, daß ein objektiv Umgreifendes den Menschen in die Sünde zwingt. Er kennt neben dem moralischen ein tragisches Element am Sündenbegriff (Systematische Theologie II, Stuttgart 1958, 46). Man stellt oft Barth und Tillich folgendermaßen gegenüber: Barth sei derjenige, der die Wurzel des Bösen in der falschen Optik des Menschen (einer dämonischen Verzerrung der an sich »guten« Dingwelt sieht. Tillich sei derjenige, der *die* Welt als »gefallen« bzw. »entfremdet« ansieht, d. h. die Verhältnisse mit schicksalhafter Notwendigkeit und tragischer Ausweglosigkeit den Menschen in Schuld und Sünde hineinziehen sieht. Doch ist der Gegensatz, genau besehen, weniger ein prinzipieller als ein Gegensatz im Quantitativen und in der Akzentsetzung. Auch Barth weiß, daß die falsche Optik des Menschen Realitäten schafft, die dem Einzelmenschen vorausgehen und ihn bestimmen (s. das Zitat aus KD IV/3, 540: »Wie [der Mensch] die Dinge *sieht*, so *sind* sie . . .«). Und bei Tillich ist die Wurzel der Sünde weitgehend etwas Subjektives, wenn Entfremdung beschrieben und näher entfaltet wird als Unglaube, Hybris und Konkupiszenz (Systematische Theologie II, 55ff.). Auch sein großes Wertlegen auf die Tiefenpsychologie bedeutet ja einen Ansatz beim Subjektiven. Er schreibt von ihr, daß sie, die Tiefenpsychologie, der Theologie geholfen habe, »sich wieder der dämonischen Strukturen zu erinnern, die unser Bewußtsein und unser Handeln bestimmen« (Ges. Werke VIII, Stuttgart 1970, 314). Freilich unterstreicht Tillich viel stärker den Gedanken, daß unser Bewußtsein unter *unausweichlichen* Zwängen steht und daß das »Subjektive« zu objektiven Realitäten führt. Wenn Karl Barth die Sünde als Hochmut, Trägheit und Lüge näher bestimmt (KD IV/1–3) und Tillich sie als Unglaube, Hybris und Konkupiszenz, so sind dies doch alles Kategorien, die auf gleicher Ebene liegen. Und wenn Karl Barth das dreifache Werk Christi der dreifachen Gestalt der Sünde entgegenstellt und Tillich die Entfremdung aufgehoben sein läßt im »Neuen Sein«, das in Jesus, dem Christus, hereinbricht, so zeugt auch dies von einem in der Struktur gleichen Denken. Freilich ist dieses Überwundenwerden des Bösen durch Jesus Christus (bei beiden) nicht

»subjektiv« in dem Sinne, daß es das eigene Werk, der eigene Beitrag des Menschen wäre. Es ist durchaus ein Hineingenommenwerden des Menschen in die »objektive Wirklichkeit des Neuen Seins« (Systematische Theologie II, 190). Aber es ist doch der Mensch und nicht die Institution oder die Gesellschaft, an dem sich die Überwindung der Entfremdung und die Wiedergeburt, Rechtfertigung und Heiligung vollziehen.

Freilich setzen Barth und Tillich die Akzente sehr verschieden. Barth bekräftigt die »gute Schöpfung« Gottes und nennt das Böse das »Nichtige«, das um keinen Preis sich in das Zentrum des Systems schieben darf. Das Böse ergibt sich keineswegs aus der Phänomenenbeschreibung der Welt. »In der ... Heilung bemerken wir die Krankheit« (KD III/3, 352). Den Dämonen nur »ein kurzer, scharfer Blick« (KD III/3, 609). Tillich analysiert eingehend die Strukturen der Entfremdung und des Dämonischen. Auf deren Phänomenanalyse ruht der Schwerpunkt seines ganzen Systems. Ihm eignet durchaus ein Hang zum Tragischen, und die Merkmale der Überwindung der Entfremdung transzendieren das Reale dieser Welt in Raum und Zeit. Sie sind fragmentarisch, sinnbildlich und eschatologisch.

Wiederum ist die Realität, die entfremdete Existenz, nie ganz ohne Elemente der Essenz (der guten Schöpfung, der Schöpfung »vor dem Fall« als an sich nie vorfindlichem Normbegriff). Insofern findet sich auch bei Tillich eine Erinnerung an den Satz von Barth: »Die gute Schöpfung Gottes hält durch« (KD IV/2, 556). – So ist es doch mehr Komplementarität, *dialektischer* Widerspruch, nicht reiner Gegensatz, in welchem Verhältnis die Konzeptionen Tillichs und Barths sich gegenüberstehen.

Barths Schwerpunkt auf der »guten Schöpfung« und sein Preisen dieser auch im Blick auf die *Schattenseite* und sein so sparsamer Gebrauch davon, Dinge unseres Lebens wirklich zu »dämonisieren«, d. h. in ihnen das »Nichtige« als das Böse zu sehen, bringen es mit sich, daß man Einwände gegen Barth erhebt, die sich gegen Tillich nicht stellen, nämlich besonders den: er lasse zu viel als bloßen Schatten des Guten gelten, was eindeutig auf die Seite des Nichtigen gehöre. Oder auch: Schattenseite und Nichtiges seien nicht eindeutig voneinander getrennt und gingen ineinander über.

»Auffällig bleibt eine unpräzise Terminologie, die Schattenseite und Nichtiges immer wieder ineinander verschwimmen läßt« (Burghard Krause, Leiden Gottes – Leiden des Menschen. Eine Untersuchung zur Kirchlichen Dogmatik Karl Barths, Stuttgart 1980, 360).

»Er will letztlich die *Endlichkeit* des Menschen (sein Begrenztsein durch Geburt und Tod) nicht mit dem Bösen selbst identifizieren« (ebd., 362).

Aber: »Wenn Barth etwa – um nur zwei Beispiele zu nennen – von ›Hemmung und Begrenzung‹, ›Armut und Sterbenmüssen‹ als Phänomenen der Schattenseite spricht, so kann dem leicht entgegengehalten werden, daß diese Phänomene durchaus auch aus dem Kontext der Wirksamkeit des *Nichtigen* heraus entstehen können. Hemmung und Begrenzung menschlicher Lebensmöglichkeiten kann und wird immer auch in schuldhaftem Versagen des homo peccator wurzeln. Armut und Sterben kann Folge politischer Ungerechtigkeit, Konsequenz von Haß und Neid, Implikat des Krieges als der letzten Ausgeburt des Nichtigen sein. Das aber ist dann doch wohl nicht mehr gute Gottesschöpfung« (ebd., 364).

Der Band III/3, und besonders das Zitat von Seite 336 (s. o. S. 69), ist heute gewiß leicht dem Vorwurf ausgesetzt: daß Barth zu sehr geneigt ist, das Leiden und vor allem auch die politische Not als natürliche Gegebenheit zu betrachten und hiermit sich abfinden zu lassen. Daß es im Gesamtwerk Barths demgegenüber viele Stellen gibt, die diesen Eindruck korrigieren, muß freilich auch gesagt werden. Im konkreten Fall und in konkreter Frontstellung greift nun doch das »Nichtige« tief in die »Schattenseite« hinein. Auf ein Beispiel, das Modell für auch anderes sein kann, sei besonders hingewiesen, auf Barths Stellung zur Krankheit.

An sich sehr im Widerspruch zu den Ausführungen in KD III/3, besonders Seite 336, sagt Barth von Krankheit und Tod in seinem Ethik-Band (KD III/4, 417): »Krankheit unter diesem Aspekt ist wie der Tod selbst reine Unnatur und Unordnung, ein Moment des Aufstandes des Chaos gegen Gottes Schöpfung, ein Werk und eine Kundgebung des Teufels und der Dämonen.« So sei die Krankheit in den Psalmen verstanden, im Buch Hiob und im Neuen Testament in den synoptischen Evangelien (ebd.).

Barth denkt hierbei auch an Johann Christoph Blumhardt, der in der Mitte des vorigen Jahrhunderts in Möttlingen und Bad Boll Krankenheilungen – in der Art Jesu – vollbracht hat. Er sah die Heilung als Kampf gegen eine satanische Gegenmacht und Gegenwelt an. Und hieraus folgte ein Protest gegen alle falsche Passivität und Geduld im Ertragen angeblich unheilbarer Leiden. In der Krankheit ist die Gegenwelt auf dem Plan, »das schlechthin Abnormale, das objektiv Ungehörige, die satanische Finsternis, der gegenüber es für ihn keine Fügung in ein von Gott Gewolltes, sondern eben nur Auflehnung, Protest und zorniges Nein geben durfte« (KD III/4, 422).

»Ein Tröpflein Entschlossenheit, Wille und Tat im Widerstand gegen jenes Reich und so auch gegen die Krankheit ist besser als ein ganzer Ozean von angeblich christlicher Demut, die in Wahrheit nur die ganz falsche, verkehrte Demut vor dem Teufel und den Dämonen sein könnte« (KD III/4, 419).

Natürlich gilt das nicht von schlechthin jeder Krankheit. »Leiden und Sterben als solches« sind auch »natürliches Geschehen«; und der Kampf gegen sie wird Ausharren und Geduld »nicht aus-, sondern einschließen« (ebd., 426). In dem, »was wir als Krankheit kennen«, wird sich »nicht nur die Macht des Teufels« und auch nicht der Zorn Gottes, »sondern auch Gottes herzliches Wohlmeinen« spiegeln (ebd., 425).

Statt an dieser Stelle, dem Thema »Krankheit«, den großen Widerspruch zwischen »Theologie der Schattenseite« und Kampf gegen das Nichtige und damit eine Unausgeglichenheit in der Zuordnung von Dingen zum Nichtigen oder zur Schattenseite in großer Breite zu notieren, sollte man Barths Dialektik zu erfassen suchen: Er erklärt zwar im Prinzipiellen – um das Bild der Schöpferallmacht Gottes nicht zu gefährden – Not und Leid als zur guten Schöpfung gehörig, sah aber im konkreten Einzelfall satanische Empörung, Einbruch des Chaos in die Schöpfung und rief hiergegen zum kompromißlosen Kampf auf. Das Thema Krankheit ist hier nur ein Beispiel. Mit eben derselben Heftigkeit steht Barths Theologie gegen andere konkrete Erscheinungsformen des Übels wie bspw. gegen die Atomwaffen[19] – von seinen harten Auseinandersetzungen am Thema »Faschismus« ganz zu schweigen.

Wenn man dem späteren Barth gerade im Zusammenhang des Theodizeeproblems Verharmlosung des Übels vorgeworfen hat, so möge man wissen, daß der jüngere Barth eben diesen Vorwurf an die Adresse derjenigen gerichtet hat, die ihm seinerzeit als die Älteren gegenüberstanden. In seiner ersten Dogmatikvorlesung, die Karl Barth als »Unterricht in der christlichen Religion« 1924 bis 1926 in Göttingen (die Eschatologie in Münster) gehalten hat, streitet er mit folgenden Worten gegen Brunstäd, Kaftan, Nitzsch, Stephan u. v. a.[20]:

»Auf gar keinen Fall aber kann man reden, wie es *Brunstäd* tut (Idee der Religion, S. 257f.): ›Nur durch Leid und Gefahr erhebt sich der Mensch ... Das überwältigende Übermaß des Leides ... zeigt ihm erst, was der Mensch ist. Das Weltübel ist keine Instanz gegen Gottes Liebe, sondern gerade religiös begreiflich aus seinem Liebeswillen ...‹. Wer gibt Recht und Mut, so zu reden? Inwiefern erfüllt

[19] In der Erfindung der Kernenergie treffen zusammen »die gute Schöpfung Gottes in Gestalt eines neu entdeckten herrlichen kosmischen Angebotes und eines ebenso herrlich entwickelten neuen menschlichen Vermögens – der Mensch, der sie nach kurzem Zögern mit dem Nichtigen kombiniert und in dessen Dienst stellt« (KD IV/3, 802).

[20] Zitiert nach der von Wilhelm Niesel und Wolfgang Trillhaas seinerzeit angefertigten Nachschrift mit freundlicher Genehmigung des letzteren; vgl. W. Trillhaas, Perspektiven und Gestalten des neuzeitlichen Christentums, Göttingen 1975, 183f., sowie ders., Aufgehobene Vergangenheit. Aus meinem Leben, Göttingen 1976, 100.

denn die Welt, von der Nachtseite gesehen, ihren Zweck? *Vielleicht* hat auch Brunstäd *schließlich* recht, aber sicher Unrecht hat er mit den Indikativen, mit der Unbetonung von Leid und Übel« (im § 19: »Die Schöpfung« zum Valde bonum, pag. 85 der Nachschrift).

Unter Nennung vieler Namen von Theologen und im Vergleich mit Stimmen katholischer Theologie für die moderne protestantische Theologie »beschämend« sagt Barth etwas später (im § 20: Die Vorsehung, pag. 105–107 der genannten [Anm. 20] Nachschrift) in derselben Tendenz, bspw. zu Kaftan: »›Der Christ lernt alles, was ihm widerfährt, sogar die Sünde, unmittelbar aus Gottes Hand zu nehmen‹. Oder Nitzsch-Stephan: ›Das Übel ist als Schickung des gerechten und väterlichen Gottes eine Wohltat, eine zweite Gestalt des Guten, der Lebensförderung ...‹. ... Keinem von allen ist die Frage gekommen, ob mit ›Lebens- oder Freiheitshemmung‹, Hemmung dessen, was dem Menschen paßt, das Übel hinreichend gekennzeichnet sei. In der Bibel ist doch das Übel etwas, was ursprünglich *nicht* war, etwas schlechthin Gottwidriges ... Kann man ohne mit der Wimper zu zucken so wie diese reden? Man denke nur einen Augenblick an die durch diese Worte bezeichneten Realitäten! Kann man sagen: Gott *wollte* das Blut- und Greuelmeer des Weltkrieges – weil allerlei Schönes und Großes dabei Ereignis wurde. Man kann eben nicht einfach so sagen ›Das geschieht alles nach Gottes Willen‹. Und was einfach gen Himmel schreit, trotz seines ›Waltens‹, ist ein finsteres Rätsel. Müssen wir nicht solch finstere Rätsel stehen lassen ... Das Theodizeeproblem bedeutet einen scharfen Schnitt in den Gedanken an Gott auf die Gefahr hin, daß wir nicht sehr klar und logisch weiterdenken können. – Nicht um uns Marcion in die Arme werfen zu können, sei dies gesagt (zwei Götter). Immerhin hätte es den Protestanten wohl angestanden, dem Marcionproblem ernster entgegenzusehen. Es geht ja um ein Geheimnis bei dem, wovon wir reden. Doch ist das Dominus providebit nicht in klaren Worten zu applizieren, lieber ist man dabei etwas inkonsequent, der scharfe Schnitt zwischen geschaffener und gefallener Welt ist schwer darzustellen. Es ist ja dieselbe Welt, und keine quantitative Trennung ist möglich.«

Zum Abschluß bringen wir noch die Partie zum Theodizeeproblem, die sich in Barths »Credo« findet (Credo. Die Hauptprobleme der Dogmatik dargestellt im Anschluß an das Apostolische Glaubensbekenntnis, München 1935, 35–37):

„Es gibt bestimmte notwendige *Fragen* des Glaubens, die von der Lehre von der Schöpfung her nicht oder jedenfalls nicht eindeutig und vollständig zu beantworten sind! Es ist dies die Frage nach der Möglichkeit der *Sünde*. ... Weiter die Frage nach der Möglichkeit des *Übels*, d. h. solcher Erfahrungen, die dem Menschen trotz der Güte der von Gott geschaffenen Welt notorisch nicht zum Besten dienen, nicht dazu, daß Gott durch ihn verherrlicht wird, sondern zum Gegenteil. Endlich die Frage nach der Möglichkeit des *Todes* als eines solchen Ausgangs der geschöpflichen Existenz, die trotz der erhaltenden Gnade der göttlichen Geduld ihren Absturz in das Nichts bedeutet. Man könnte diese drei Fragen, bekannt unter dem Namen des Theodizeeproblems, zusammendrängen in die Frage nach der Möglichkeit, die der *Teufel* hatte und hat, der Teufel zu sein. Man kann auf diese Fragen, vom Schöpfungsdogma her gesehen, wohl antworten mit der Feststellung, daß Gott als Schöpfer der Welt in ihrer wahren, von ihm bestimmten Wirklichkeit, der überlegene Herr und Sieger auch über diese absurden, diese unmöglichen Möglichkeiten ist. Man kann aber nicht sagen, daß Gott auch diese Möglichkeiten als solche gewollt und geschaffen habe. ... Die Dogmatik muß an dieser Stelle wie noch an anderen um der Sache willen logisch inkonsequent sein. Sie darf also trotz der *Allmacht* Gottes – vielmehr gerade um der recht verstandenen Allmacht *Gottes* willen die Linie des Schöpfungsgedankens an dieser Stelle nicht zu Ende führen, sondern sie muß jene Möglichkeiten als solche erklären, mit deren Wirklichkeit wir zwar des bestimmtesten zu rechnen haben, deren Realität und Charakter wir aber nicht besser kennzeichnen können als indem wir es *unterlassen,* nach irgendeiner Begründung ihrer Existenz zu fragen, weder nach ihrer Begründung im Willen Gottes des Schöpfers noch auch mit Marcion und den Manichäern nach ihrer Begründung im Willen eines bösen Gegengottes. Diese Möglichkeiten sind ernst zu nehmen als das mysterium iniquitatis. Daß es ein solches gibt, das ist aber nicht von der Schöpfung, sondern nur von der Gnade Gottes in Jesus Christus her einzusehen.

2. Es gibt nun aber auch bestimmte und ebenso notwendige *Antworten* des Glaubens, die sich wohl auch, aber ebenfalls nicht befriedigend in den Rahmen der Erkenntnis Gottes des Schöpfers einreihen lassen: Das *Wunder* als das Ergebnis, in dem außerordentlicherweise die durch Sünde, Übel, Tod und Teufel zerstörte Ordnung der Welt durch Gott selbst vorübergehend, als begleitendes Zeichen seiner Offenbarung, wiederhergestellt wird. Das *Gebet,* in welchem der Mensch nicht nur mit Gott redet, sondern trotz Sünde, Übel, Tod und Teufel von Gott gehört und erhört wird und also unbegreiflicherweise mit seinem Willen trotz und in allem Unterschied von Schöpfer und Geschöpf den Willen Gottes mitbestimmt. Endlich die *Kirche* als die Stätte, wo mitten im Herrschaftsbereich von Sünde, Übel, Tod und Teufel eine besondere Gegenwart Gottes, die Gegenwart Gottes in seiner Offenbarung verkündigt und geglaubt wird ..."

Schlußwort

Die Entwicklungslinie in der Theodizeedebatte geht dahin, daß die Schuld am Bösen immer stärker dem *Menschen* auferlegt wird. Des Menschen Fähigkeit, in die Dinge der Natur und Geschichte, in denen (vielleicht nicht die Wurzeln, aber) manche Hebel des Bösen liegen, *einzugreifen,* ist im Wachsen begriffen. Ob dies unter atheistischen Vorzeichen geschieht oder im Glauben daran, daß Gott den Menschen mit der kompensatorischen Fähigkeit ausgestattet habe, eine immer bessere Welt sich zu errichten (Carl Friedrich Geyer, Das Theodizeeproblem heute [NZSTh 17], Berlin-West/New York 1975, 190), kommt letztlich auf dasselbe hinaus. Das Bewußtsein ist im Schwinden begriffen, daß das Übel von außen über den Menschen hereinbricht und diesen entschuldigt. Wenn Schleiermacher zwischen Naturübeln und »geselligen« (gesellschaftlichen) Übeln unterschied (Der christliche Glaube, 2. Aufl., § 75, 2), so geht die Tendenz dahin, daß das bloße Naturübel immer mehr hinter dem gesellschaftlichen Übel zurücktritt. Aber das gesellschaftliche Übel ist das zugleich schlimmere wie faßbare Übel. Das gibt der Zukunft Bedrohung wie Verheißung. Der Mensch steht nicht mehr Naturgewalten ohnmächtig und fassungslos gegenüber, sondern er steht vor den Reaktionen und Gesetzmäßigkeiten der von ihm errichteten »zweiten Natur« (der gesellschaftlichen Institutionen, des Sozialgerüstes der menschheitlichen Sozietät). Diese zu beherrschen macht bzw. machte ihn zum »Subjekt der Geschichte«, als welches er »viele Formen konkreten Leidens zu verantworten hat« (Geyer, a.a.O., 194). Aber: Wer ist *der* Mensch? Steht nicht hinter allen Entscheidungen von Menschen der Sachzwang von sich gegenseitig kompensierenden Kräften? Ist es nicht eine im Grunde anonyme Organisation, die hier und da in Gestalt eines menschlichen Organisators ins Bewußtsein tritt? Setzt Verantwortung nicht die ganz individuelle Persönlichkeit, die alles überblickt und zu »machen« fähig ist, voraus? Rein vom Menschen her ist die perfekte Organisation, die jedes Menschenleben zu sichern imstande wäre, nicht zu denken. Der Gang der menschlichen Lebensorganisation ist nicht frei von Krisen und Versagen, von der Gefahr von Zusammenbrüchen und Katastrophen. Trotzdem hält christlicher Glaube an der Überzeugung fest, daß Gottes Erhaltungsgnade den Weg der Menschheit begleitet, daß Gott rechtzeitig »Wundermänner« (Luther) erstehen läßt, der Menschheit Erfindungen schenkt, deren Erträge sie weiterleben läßt, dem Gang der Geschichte Sinn und Plan verleiht, die Völker zusammenführt (so Hegels Geschichtsphilosophie als Theodizee).

Aber eines ist nicht auszuschließen: daß es »Härtefälle« dem einzelnen gegenüber, »Härtefälle« des Schicksals gibt. Ein solcher war der Fall Hiob; mit solchen steht und fällt das Theodizeeproblem. Es bricht am Einzelfall auf; und die Weisung, auf das Ganze zu blicken, bedeutet, das Problem als solches aufzuheben.

Es ist die Sendung der christlichen Kirche, die das Theodizeeproblem insofern »löst«, als sie dem einzelnen nachzugehen beauftragt ist. »Des Menschen Sohn ist gekommen, zu suchen und selig zu machen, was verloren ist« (Lk 19,10). Und es ist die Kirche, die hierfür eine ganze Strategie zu entwickeln hat. Das ist es auch, was der Sinn dessen sein kann, wenn K. Barth als eine Antwort auf die Theodizeefrage die *Kirche* nennt (Credo, 36f.). Die Kirche ist ganz besonders den Geringen und Verlorenen, den Armen und Leidenden zugewendet. Sie hat darüber hinaus die Aufgabe, in ihrer Verkündigung die Waffe gegen Gott, die in der Existenz dieser Kategorien dem Dämonischen gegeben ist, diesem aus der Hand zu schlagen. Und das wäre die andere, die lehrhafte Aufgabe der Kirche (neben ihrer praktischen, der karitativen, der gezielten Hinwendung an die Geringen und Leidenden): keine Verallgemeinerung der Einzelfälle zu einer pessimistischen Weltsicht, Zeugnis ablegen für die Güte Gottes und die Schöpfung als Wohltat – aber eben *in einem* hiermit: den Verlorenen nachgehen und die, an denen die Theodizeefrage aufgebrochen ist, einholen und unterstützen.